ちくま文庫

ちろりん村顛末記

広岡敬一

筑摩書房

目次

ちろりん村顚末記

本書は、おおよそ四十年前の雄琴を描いたもので、雄琴の特殊浴場や人々の現状を伝えるものではありません。

また、本書の中には、今日では差別的とされる語句・表現がありますが、本書の執筆された時代背景、作品の歴史的価値、著者が故人であることを考慮し、原文のままとしました。

琵琶湖の蜃気楼

「ちろりん村」は忽然《こつぜん》とその姿をあらわした。そして、いつの日かおなじように忽然と消えていくのだろう。まるで蜃気楼《しんきろう》のように……。

昭和四十八年、はじめて私はこの「村」を訪れた。開村して三年目の晩春のことだった。そのときの印象は鮮烈で、田んぼのむこうの地平線に、ぽっかりと浮かびあがった異様な建物の群落は、蜃気楼としかいいようがないほど唐突で驚異的だった。以来、訪れるたびにその印象は変らない。トルコ風呂と、そこを職場にしている人間の生活機能だけがシマをこしらえ、日本全国、ここだけの特異なトルコ地帯が「ちろりん村」だ。

滋賀県大津市雄琴苗鹿《おごとのうか》町が正式の地名である。そのうち約四万五千平方メートルをこの村が占めている。京都から国道一号を下って逢坂山を越え、大津市の浜大津で敦賀に通じる国道一六一号に入る。それを琵琶湖に沿っておよそ二十分、車を走らせると前方右手に村のかたちが現われはじめる。この一帯は文字どおり山紫水明、絵葉書のように美しい景色を見せてくれる。東側は海のように広い湖が静かな水面をひろげ、対岸の近江富士が薄墨色に霞んでいる。

西のほうに目を向けると比叡と三石岳の山なみが、すぐ間近に迫る。村の南側は幅五メートルほどの大正寺川を境に、お百姓が野良仕事をするのどかな田園風景だ。そんな、都会人にとっては心が洗われる眺めに三方を囲まれたこの村を、どう形容すればいいだろうか。昭和四十五年、大阪の千里で開催された万国博のパビリオンが「そっくり引っ越して来たようだ」と表現した人もあるが、それよりもっとケタタマしい。三層、四層のビルがそれぞれ己れを顕示して、外観を競いあっている。日本や西洋の城郭風、数寄屋造りに大名屋敷造り、そして回教のモスク風にイギリスの荘園風、中華大飯店風に一流ホテルの玄関前風と、これ見よがしの苦心の傑作が四十九。田んぼを埋め立てて開拓したせいか土地に余裕があり、建物のまわりにたっぷりと駐車場をとってある。それだけに一軒一軒の表構えがよけい目立って、トルコ風呂建築の見本市のように見えるのだ。

村の通りに入る。厚化粧の女性と集団見合いをする感じだ。何となくいじらしくもあるが、図体が大きいので押しつけがましくて辟易《へきえき》、といった気にもなる。夜ともなれば建物の外壁にライトを浴びせ、屋上の大型ネオンが暗い空を七色に焦がす。はじめて国道一六一号を走るドライバーは、このあたりに差しかかると例外なく、キモを潰してハンドルを取られそうになるらしい。

川筋通りを手前から、千姫、花影、祇園、マキシム、プレーボーイ、遊楽と奥に並び、大使館という名まである。さすが、トルコの字を冠してはいないが誤解されそうだ。大使館という名の店は、全国では札幌の薄野《すすきの》と雄琴の二軒だけ。何年か前、東京の新宿に出現したこともあるが、当局の指導で店名を改称した。予約の電話がトルコ国の代表出先機関つまりトルコ大使館に入ることがしばしばで、大使館側が大いに迷惑したからである。ついで、中心部に移ると江戸城、石亭、桃太郎、台北、吾妻、鎌倉御殿と、どのトルコ地帯にもお馴染みの名前が勢揃い。

「ちろりん村」という名の由来は、村の住人のだれに聞いてもはっきりしない。いつ、だれがそう呼びはじめたのかもわからない。二十数年前、テレビの児童むけの番組にこの名前の村が登場したことがある。とぼけた感じがあって面白いというので無断借用、何となく使われるようになったらしい。異説もある。チンチロリンというバクチがある。大き目の茶わんかドンブリ鉢《ばち》にサイコロを三個ほうりこんで、その出目で勝ち負けを競う単純なプレーだ。サイコロと茶わんの触れあう音から、その名前がついたのだが、このチンチロリンが住人の間でひところ流行した。いまでこそトルコ嬢のヒモ保有率は低下しているが、この村ができたころはヒモ同伴の出稼ぎが圧倒的に多かった。彼女が働きに店に行っている間、暇をもて余したヒモ諸氏は、寄るとサイコロの触れあう音を楽しんでいた。耳を澄ますと村のあちらこちらからその音が聞こえるので、呼びやすいように縮めて、「ちろりん村」と名付けたというものだ。チンチロリンは運にまかした出たとこ勝負だ。トルコ風呂人種には多分にそんな雰囲気がある。だから、この名がうってつけということになったのかもしれない。

私がはじめてこの呼び名を知ったのは、何回目かの訪問のときだった。金閣寺という店のトルコ嬢、志津が「ちろりん村の住人だから……」と自分のことをいった。

「トルコ風呂で働いている人間はみんなどこかおかしいのよ。そんなのが全員集合してるのだから、ここは気違い部落みたいなものね。だけど、住めば都というでしょ。馴れたらかえって気楽でいいところよ、ちろりん村は」

共同体とまではいえないまでも、この村に居る限り疎外を意識しないですむから、というのだが、「ついイージーになって、更生（彼女は笑いながら、とってつけたようにこの言葉を使ったが）できなくなりそう」とつけ加えた。しかし志津は、それから十カ月ほどして村を去った。関西のどこかの都市でスナックを開業したそうだ。おなじ店で働いていたボーイと、正式に結婚したとも聞いている。彼女はイージーになることもなく、見事に更生したといえるだろう。ものをいうとき、相手に眼を真っ直ぐにむける。考え方がしっかりして翳《かげ》りを感じさせない女性だった。私は志津のほかのトルコ嬢からも、おなじような印象をうけることが多かった。それは諦めでも居直りでもない、ごく自然なものだった。

仕事の性質上、石鹼を使いすぎるせいだろうか、彼女たちの肌は脂気が抜け、荒れてガサガサだ。張りと艶がない。二十そこそこの年齢でもトルコ嬢を一年勤めると、老婆のような肌になる。そして眼が血走ってくる、白眼の部分が赤く染まって見えるのだ。一日に何人もの客をとる不摂生の積み重ねも原因だ。そのくせ彼女たちからは陰惨さどころか、屈託さえ感じることがすくない。これはいったいどういうわけだろう――。

彼女たちは私が過去に知っていた娼婦と呼ばれる種類の女性と、まったくといっていいほど異った種族に属していた。

赤線と呼ばれた集娼地帯で私は二年ほど、その内側に入りこんだ生活をしていたことがある。だから娼婦と呼ばれる女性の扱いかたに自信をもっていた。彼女たちの意識構造のようなものも、よく知っているつもりだった。ところがトルコ嬢たちにはまったくといっていいほど、私の経験が通用しないのだ。

昭和二十四年ごろ、私は東京の吉原で流しの写真屋をしていた。その当時の吉原には二百七十軒の特殊飲食店があって、一千人以上の女給がいた。終戦直後の昭和二十一年、占領軍司令部の指令で日本の公娼制度が廃止されたのだが、便法的な処置として地域を限り売春が許可された。それが赤線だ。娼妓屋は特殊飲食店と呼ばれたが、一般の飲食店と区別するためだ。娼妓は女給と呼び名が変っても、内容的には公娼の時代の遊廓とほとんど同様だった。

公娼制度が廃止されて、前借金は存在しないことにはなっていたが、ほとんどの女給が身代金に縛られる年季奉公だった。しかも、借金がかさむ仕組みになっていて、なかなか年季が明けないというのが普通だった。客から受け取った金のうち店が六分を取り、残った四分が女給の取り分とされていたのだが、前借金の返済や店で立て替えてもらった衣裳代などを払うと、手元にはあまり残らなかった。彼女たちが逃げ出さないための監視も厳しい。行動に自由がない。月に一回の公休日の外出も遣り手《やて》婆さんと呼ばれる、娼妓のOBか仲間の女給がいっしょでないと許してもらえない。

私が写真を撮って商売にしていた相手は、そんな女給たちだった。暗箱という、頭から黒い布をスポリかぶってピントを合わせる、三脚つきの木製のカメラをかついで、なかを流して歩く。なかというのは、吉原の人たちが遊廓のある一画を、そうでない区域と区別した昔ながらの呼び名だ。店の表に立って客待ちの花魁《おいらん》――なかではこの言葉が生きていた――が、声を掛ける、「写真、撮ってもらおうかしら」。ほとんどの花魁が遠慮がちにいう。

衣裳を新調したとか、髪の結いかたが気に入ったとか、そんなときに彼女たちは写真を撮ってもらいたくなるらしい。なるべく赤線の店らしくない場所を選んで、カウンターの上の盛り花をバックにしたり、モザイク模様の色ガラスの窓が入らない隅の壁際に立ったりして、精いっぱい他所《よそ》行きの顔を見せるのだった。二、三日してから出来あがった写真を届ける。名刺の大きさをハート型に抜いたり、縁どりに桜の花を散らしたりすると喜ばれた。

私は本職の写真屋ではなかった。戦争中に陸軍の航空隊で写真班に配属され、そこで技術を習い覚えたという頼りない腕前だ。終戦直前は特攻隊に転属、何日か後には神様になる連中ばかり撮っていた。それが吉原の遊廓で花魁の白粉首専科になろうとは――。中国で生れ育ったから日本に帰されても、まるで見ず知らずの外国に放り出されたようなものだ。しかし、終戦直後の混乱期はその気になれば何をやっても喰えた。ヤミ屋で生き延びて来たわけだが、世の中が落ち着いて来るとヤミ屋商法も通用しなくなる。といって、いままでの商売をまともな形にするだけの才覚はなかった。そんなことから、思いつきのようなもので一時しのぎに、吉原で流しの写真屋を開業したわけだ。

顔を本物より美しく見せるための修整の技術なんか、持ち合わせている道理がない。

何とか鼻筋だけでも高く見せるように、ネガの上から硬い鉛筆で描きおこす。顔をクッキリと浮かび上がらせるため、トーンの強い印画紙に焼き付ける。写される側が緊張しきってカメラの前に立つから、出来上がりはよけい能面に近い感じになる。吉原に店を構えた本職の写真屋もなかを流していたが、彼の撮ったものにくらべると雲泥の差だ。私のは金をもらえるような代物ではなかったが、それでも商売になったのは、花魁たちが自分に似たところのある境遇を私に見出していたからだろうと思うほかない。早い話が同情を寄せられていたわけだ。

といって、ことさらに同情を買うような態度を見せるとか、身の上話をしたのではない。多少なりとも私がオドオドしていたかもしれないが、それは、商売に馴れていなかったからだ。ヤミ屋時代は売り手市場だから、こちらのほうが威張っている。しかし、あたらしい商売は遊廓という特殊な場所で、相手は花魁だ、勝手が違いすぎる。何といって売りこんだらいいのか、それさえわからない。開業して二、三日はただカメラをかついで、なかを歩いただけだった。「あんた、ダメだよ。京一や京二の大通りの真ん中ばかり流してたって。道の端に寄らないと花魁の眼に入らないじゃないの」。見かねたのだろう、地付きの写真屋が忠告してくれた。

大店《おおみせ》が並んでいる京町、角町、江戸町といった吉原のメインストリートより、小店《こみせ》の多い露地のほうが商売になることも教えられた。あとになってわかったことだが、大店と呼ばれる一流の店は、その地付きの写真屋と馴染みになっていて、他所者が割り込む余地がなかったのだ。したがって私の馴染みの客はほとんどが、遊び代の安い小店の花魁だった。「七五三」や「山陽」、「角海老」といった大店の時間遊びは六、七百円。小店が三百円ていどだった。そのころ吉原の花魁が一カ月に稼ぐのは、平均四万八千円と見られていた。客から受け取った金は主人が預かって、何日かごとの玉《ぎょく》割りと呼ばれる勘定日に、分割払いの前借金とその他、店が立て替えた金を取り分の四割から差し引かれ、残ったうちの一部をもらうのだ。貯金という名目で強制的に店の主人が預かる。余分な金を持たせるとロクなことがないという考えだ。加えて、花魁もいまのトルコ嬢と同じようにジプシー性があって、稼ぎを抑えておかないと姿をくらます恐れがあった。

花魁の境遇は大店も小店も似ている。自分自身のふしだらさからというのもあるが、やはり多いのは家の貧困だ。家族のため苦界《くがい》に身を沈めている。公娼の時代は専門の業者がいて、貧困家庭から娘を集めて遊廓に仲介した。公娼が廃止されてからは斡旋も禁止され、彼女たちは自由意志で吉原に来たことになっているが、事実は、ほとんどブローカーが介在していた。よそのシマから花魁をスカウトする玉抜きや、その店では商売物にならなくなった花魁を、格落ちの店やシマに移すくら替えも存在していた。

小店で私をヒイキにしてくれていた花魁が、突然見えなくなることがあった。「可哀そうに、あの娘は千葉のほうにくら替えしたのよ」。仲間の女たちが身につまされたようにいう。くら替えさせられた花魁は、病気がちだったり年齢をとりすぎていた。千葉のほうにやられて、それから先はどうなるのだろうか、彼女たちの運命を思って私はいつも暗い気持だった。

急に居なくなるので、届ける約束だった写真がわたせないことがある。そんな場合はたいてい、仲間の花魁が預かっていた。百円札を三枚、キチンとたたんで京花紙に包んであった。私に損をさせないための思いやりだ。そのほとんどが、遊び代の安い小店の花魁だった。彼女たちのネガは、三十年たった現在も大切に保存してある。

大店より小店の花魁のほうが親しみをもてた。安直な店の女ということもあっただろうが、そうとうに勤めあげて年季の入った花魁でも人情もろかった。「そう、写真屋のおにいさんも苦労してるのね」。客足がまばらで暇なとき、店の表に立っている彼女たちは、流して歩く私を呼びとめて話をしたがった。景気の話、天気の話、他愛のない話題だが、「お兄さん、なかの人間じゃないけど、いままで何をしていたの」。

ふと、そんなことを聞かれることがある。私はありのままをいう。外地で生れて日本には寄る辺がないこと、両親も引揚者であること、吉原で流しの写真屋をするまでヤミ屋だったこと。私の話に相づちを打ちながら、「生きるって大変なことなのよ」と親身な眼をむける。そして立ち去って行く私の背に「おかせぎなさいよ」と、大声ではげますのだ。

根っからのなかの人間でないことが、花魁たちに関心をもたれたらしい。そとの人間が馴れないなかでとまどいながら、生きるために苦労をしている、そう彼女たちの眼には映ったらしい。もとはといえば、彼女たち自身もそとの人間だった。それが事情があってなかという苦界《くがい》にいる。同類というか、内輪の意識を私に抱いたのだろう。

彼女たちは自分を不幸だと思っている。世のなかの不幸のすべてを一人で背負っているつもりだ。しかしそとの人間に同情されると、反発の姿勢を見せる。「あんたたちに何がわかるんだよ」。そんな気持だ。「世のなかが悪いから、私がこうなった」と思っているからだ。彼女たちのいう世のなかはそとの社会である。その人間に同情されることは、バカにされたと思いたくなるらしかった。これは被差別者の意識だ。

そのかわり、内輪の同情やあわれみには素直だ。かえってそれを待っているようでもある。相手を同情することで自分の優越を満足させることにもなるだろうが、お互いの傷口を悲しみながら舐《な》めあう、それが慰めになるようだった。冬の最中でも表の戸は開けっ放しのままだ。暖房は火鉢しかなかった。花魁は交替で股火鉢をしながら、吹きさらしの入口に立って客を引く。「体の芯まで凍りそうよ。だけど、写真屋のおにいさんも寒いでしょ。なかに入って温まっていったら」。股火鉢の席をゆずってくれたりする。

客がねぎらいの言葉を掛けたとしたらどうだろう。「そうなのよ、だから私を温めて」。鼻声を出しながら体をすり寄せるが、冷やかしだけで去っていくと、「へん、そんな甘い台詞で安く遊べるとでも思ってるのかよ」。まるで親の仇でも見るような眼で悪態をつく。たとえ、それが本心からのねぎらいだったとしても、彼女たちはその人間の同情は素直に受け取らなかった。

やがて、流しの写真屋をやめた私は、夕刊紙の記者となり、写真部員のかたわら文化部記者として夜の穴場情報を手がけ始めた。ほどなく、世の中は週刊誌時代を迎え、私はフリーの週刊誌記者に転身した。

「こんなことが、この世の中にあっていいのだろうか」――川崎・堀之内にある川崎城で初めて泡踊りを体験したとき、私が抱いた率直な感想だ。

トルコ風呂の専従記者になったのが昭和四十六年、私の記者生活は二十年めに入っていた。そしてこの泡踊りの初体験は、私のトルコ風呂取材第一日めの出来事であった。ちなみに泡踊りという前代未聞のテクニックは、川崎城にいた浜田というトルコ嬢が昭和四十四年に考案したものと伝えられている。当時、私はそんなことを知る由もなかったが、偶然由緒のある店を訪れたことになるわけだ。もっとも、始祖浜田嬢の姿はすでにこの店にはなく、風のたよりに、その後鳥取の皆生《かいけ》温泉をはじめ各地に四軒のトルコ風呂を開業したのだが、ある不幸な事態にたち至り、昭和五十年一月十七日自死、享年二十五歳であったと聞く。

とにもかくにも、その時のトルコ嬢の献身ぶりはまことにショッキングであり、私にとっては一大事件であった。

「あなた、ゆっくり温まってくださいね」。名前を忘れたが相手のトルコ嬢は私が湯舟につかると、背中をむけて片膝を立ててしゃがみこみ、プラスチックの桶のなかでスポンジをもみこんでいた。白い石鹼の泡がみるみる山になる。ビーチマットを大きくしたようなのを、タイルの上に敷く。そして、両方の掌《てのひら》に盛りあげた石鹼の泡をマットの上にぶちまけた。「あなた、こちらにいらして」。彼女は手をとって私を導いた。マットの上に、まずうつぶせに寝かされた。彼女が私の背中に温か味のある石鹼の泡を盛り上げ、それを掌で背中一面にひろげはじめる。このときからすでに、私の官能は、いままで知ったことのないくすぐりに目覚めはじめるのだった。肌を滑る掌の感触は、羽根で撫でこすられる感じで、そこが私のツボに当たるらしい両脇腹の腰骨の接線に至ると、ことのほか鋭い快感に、身をよじる思いなのだ。そして彼女が、背中にかぶさるように裸の体を預ける。

私の肌のうえをゆっくりと、やわらかく撫で回すような感触がくりかえされる。体を重ねてはいるのだが、乳房のぼってりした重みのやわらかい感じだけだ。自分の体重を両腕で支えながら、私の顔のすぐ横にさしのべる彼女の横顔は、いかにも切なげで、呼吸も荒さを増しはじめた。胸の回しかたと逆の方向に腰を回す。そして、その彼女の手は私の腿の付け根を下にくぐり、オトコを捉えて、しきりと刺激的な動きかたをするのだ。乳房と腰の一点とそして手、三カ所を使って私のちがった場所に、それぞれちがった感じかたを与える。それが、体のむきを変え、あお向けにさせられ、体の上面にまたくりかえされては、昂《たか》まりも極限に至るかと思った。

過酷な労働――。彼女の肌の感触が徐々に私の官能を目覚めさせていくその一方、頭のどこか冷静な部分で、しきりにこのことばを反芻《はんすう》していた。うかつにも、コトが済んでから、それを口にしてしまった。吉原でなかの人間だったころの顔をのぞかせてしまったのかもしれない。ことさらにではなかったのだが、取材する相手を知らないうちにねぎらっていたようだ。

「お客さん、キザよ、そんなこといって。もてるわけじゃないのだから」

トルコ嬢に指摘されて気がつくという体《てい》たらく。それほど彼女のサービスに動顚《どうてん》していたのだ。

「だって、サービスしてもらうために来たのでしょ。変に同情されたりすると、仕事がやりにくくてしかたがないわよ」

あけすけな口調だが悪意は感じられなかった。私は記者である身分を明かし、むかし吉原でなかの部類に入る人間だったことも彼女に説明した。

「動機も意識もむかしのお女郎さんとトルコ嬢は違うけど、同情はイヤよ。ことにお女郎さんのように、泣きながらこの仕事をやっているわけじゃないのだから、気分がどっちらけになるの」

話してくれたこのトルコ嬢の名前も顔も忘れたが、その後、いろんなトルコ地帯でおなじような意見を聞かされている。たしかに彼女たちの多くは自分を不幸だとは思っていないようだ。自分だけの問題を解決するためにトルコ嬢になったのだから、

「要するに、ちょっと運が悪かった、という程度のことね」、そんないいかたをする者

もいた。夫やヒモの喰い物にされている例はすくなくないが、それでもトルコ風呂を苦界とは感じないらしい。だから、吉原の花魁が見せる一般社会からの同情に対する反発と、トルコ嬢のそれとは内容的に大きな差があった。

この年、昭和四十六年には、雄琴に第一号のトルコ風呂が開店しているわけだが、そのころ全国のトルコ風呂の軒数八百十四、トルコ嬢の数一万三千六百四十五人と記録され、泡踊りを始めとしてトルコ嬢のサービス・テクニックもエスカレートの傾向にあった。また、トルコ風呂利用客の数は、年間延べ一千五百万人を超えていたと推定される。

一部の週刊誌にトルコ風呂の、ルポ風の記事が登場しはじめたのもこのころだ。そのしばらく前からトルコ風呂のサービス技術は、泡踊りに代表される、かつて性風俗史上に見られなかったような独創性を持ちはじめていたが、あまりマスコミに登場することはなく、秘められたものとされていたのだ。

泡踊り発生から一年ほどおいて、週刊大衆がその先鞭《せんべん》をつけたと思うのだが、ついでアサヒ芸能、そして私が専属していた週刊現代の順に、トルコ風呂の記事が花盛りの様相を見せはじめた。トルコ風呂の繁栄の当初、風俗現象としては非常に興味をもてる題材にもかかわらず、週刊誌などが積極的に取り上げようとしなかったのはなぜだろう。出版社系の週刊誌では以前から、ホテル、料理屋、そしてマンションなどにおけるモグリ売春は、風俗記事のなかでもウエイトをおかれていたが、トルコ風呂だけは敬遠の様子だった。四十四、五年当時のトルコ風呂に関する資料を探したとき、週刊誌のスクラップからほとんど、それを求めることができなかったくらいだ。

私がトルコ風呂を訪れたのはこれが初めてではなかった。まだ、いまのように前代未聞といわれるサービス技術が開発される以前だ。素朴な指技《フィンガーワーク》か、話し合いによってはそれ以上の恩恵に浴すこともある、といった当時、何回か行ってはいるのだが、いずれもガッカリさせられた。荒廃した雰囲気なのだ。「あんた、やるのやらないの」。投げやりな口調でトルコ嬢に聞かれる。フィンガーワークのことだ。彼女たちにとっては収入に影響するので、単純なマッサージだけで帰られてはたまらない、そんな気持でつい言葉がきつくなるのだろうが、「やらない」とでもいおうものなら、どんな目に逢わされるかわからない。「二度と、こんなところに来るものか」――毎度のようにそう思うのだった。

私は創成期のまだ赤線があったころのトルコ風呂も知っている。その当時にくらべてトルコ嬢の気持の荒廃は余計、やり切れなかった。昭和二十六年、東京の東銀座に日本で初めてのトルコ風呂「東京温泉」が誕生。個室のムシ風呂で若い女性から、本格的なマッサージのサービスをしてもらうことが人気を呼んだ。この店は現在も本来のサービスを崩していないが、トルコ風呂が将来、半公然的な売春の設備になるとは、そのころ夢にも思っていなかっただろう。いまでは東京温泉がトルコ風呂第一号店と呼ばれることに、当惑しているようだ。

それから間もなく全国にトルコ風呂が増えはじめ、二十八年には東京都内だけで二十軒、全国七十軒になった。そして、普通のマッサージのサービスだけでなく、オスぺと呼ばれるマッサージ嬢の指技が売り物になる。当時はまだトルコ嬢と名付けられていなかった。間もなくミス・トルコと呼ばれるようになるのだが。そのころ赤線の安い料金の店でショートタイムの遊びが三百円。トルコ風呂はオスぺのサービスをしてもらうと六、七百円も取られた。それでも客が来たのは、技術は売っても体は売らない、といったミス・トルコたちの心意気のようなものがあったからだと思う。

客に指技以外のサービスを要求されるのは、彼女たちにとって恥とされた。指と掌だけの技術で、赤線で遊ぶ以上の満足感を与えるため、工夫をこらしていたのだ。トルコ風呂に本番のサービスがあると噂されるようになったのは、昭和三十一年、売春防止法が公布されたころである。

二年後の三十三年にこの法律を施行、赤線の灯が消えることになった。それを見越した赤線女性のトルコ風呂への流入があったからだろう。売防法の施行の年、全国のトルコ風呂は百軒を超え、東京都内だけでも三十三軒に増えた。赤線の灯は消えたが、ホテルなどでのもぐり売春は増加する一方だった。三十五年、安保闘争の年には全国百六十七軒、都内は六十七軒にもなって、その多くが本番専科のように見えた。以来、全国的にトルコ風呂は増え続けるのだが、本番が行われていたのは東京をはじめ、千葉、神奈川など首都圏が主とされている。

関西地方などでは旧赤線がその営業形態を残し、座蒲団《ざぶとん》売春が盛んなうえ、ホテルでのパンマも多かったので、トルコ風呂はその圏外におかれていた。当時、大阪のトルコ風呂ではオスペのサービスさえなかった。たまに関東からの旅行者が要求すると、「自分ですればタダなのにもったいない」と、トルコ嬢にたしなめられたほどだ。

したがって当時のトルコ風呂の急増は、東京を中心としたものだった。ミス・トルコの呼び名がトルコ嬢と変ったのは、本番が一般的なサービスになりはじめてからだ。しかし昭和三十八年、翌年の東京オリンピックを控え、東京をはじめ千葉、神奈川など、当局はトルコ風呂に対する監視を強化した。そのため本番は姿をひそめて、オスペをサービスの限度にする店がほとんどになった。これは四十五年、大阪で万国博が開催される前年あたりから、関西地区での風紀に対する取締りが強化され、一時期は座蒲団とパンマの姿が消えたのと同様だ。

取締りの強化にもかかわらず、日本経済のGNP増大とともにトルコ風呂は増え続け、三十八年には東京都内だけで百四十七軒、四十年は二百二軒にも達している。そして四十一年、第五十一回通常国会で、トルコ風呂は風俗営業等取締法を適用されることになった。その端を発したのは、永田町の首相官邸うらにトルコ風呂の営業申請を出した者がいて、当時の佐藤首相が激怒したためだと伝えられる。

この年、はじめてトルコ風呂の実数が正確に調査されている。全国七百六軒、そのうち東京都内が二百八軒、神奈川五十四軒、千葉二十八軒、北海道二十五軒、福島七軒、岐阜三十軒、福岡十八軒。この数年間は社用族天国といわれ、都市のネオン街は好況を極めていた。

私がトルコ風呂に荒廃を感じたのはそのころだ。赤線が姿を消したあとのトルコ風呂は、単なる間に合わせ的な設備として繁栄したにすぎない。赤線に対抗して、より以上の満足を客に与える技術の努力は、すでに必要がなくなっていた。トルコ嬢は躰《からだ》を開かなくとも、ほんのすこしだけ手を添えてやれば、客の男たちは満足して帰っていく。「ちょいと、ひと捻《ひね》りしてやるか」——そんな彼女たちの意識が雰囲気を変えることになったのだろう。その陰には男性に対する蔑みもあったに違いない。

三、四年ほど足が遠のいている間、トルコ風呂の状況が変ったことは、取材する前から聞いてはいた。泡踊りという珍技があって、本番のサービスをする店が増えた、といった話だが、私はあまり関心を抱かなかった。体験した最後のころの荒廃の雰囲気と、座蒲団やパンマなどと同様な、モグリ売春の暗い印象を想像したからだ。だから、週刊誌の編集部から取材を依頼されたときも、あまり気持はすすまなかったのだが、とにかく川崎の堀之内に足を向けたのである。「これは、いったいどういうことなんだ」。トルコ街の入口に立ったときの印象だ。当時、堀之内には、すでに五十軒以上のトルコ風呂が軒をつらねて、七彩のネオンの輝きを競っている。たまに、郷愁のようなものに誘われて、東京の吉原を歩いてみることもあった。五十軒ほどのトルコ風呂が店を開いていたが、赤線時代のモルタル塗りの表構えをそのまま、看板をトルコに替えただけで、派手やかさはいっさいなかった。違法を承知の商売だけに、ただ当局のお目こぼしを得ながらというような、肩身のすぼめかたを感じさせるのだった。

ところが堀之内のトルコ街にはまったくその気配がない。かつて、官許の赤線地帯にさえ見られなかったほど、堂々として華やかなのだ。

「知らないうちに、何かが変っている」

私はそう感じた。そして川崎城の泡踊り初体験が、おぼろげだった感じかたを決定的にした。

トルコ風呂とトルコ嬢そのものに、過去の売春の歴史になかった構造があるようだ。それはいったいどんなものだろう——。私は心を動かされた。もちろん、前代未聞と感じたサービスに対しても、おなじくらいの比重がかかっていたことは隠せない。

それ以来、私はトルコ風呂の専門記者のようになっていった。約九年間に、ほとんど全国のトルコ地帯を巡った。たった一軒しかない土地にも行った。延べ六百軒以上のトルコ風呂を訪れて、六百人を超えるトルコ嬢に逢ったことになる。それぞれのトルコ地帯が規模と様式に違いはあっても、ほとんどのトルコ風呂が、なかば公然というより、存在を誇示するようにしながら、違法の社会を創り上げているのを眼のあたりにした。

そのなかで、ユニークな立地の条件というだけではなく、トルコ風呂社会の集約を、そしてトルコ風呂文化——敢《あ》えてこう呼ばせていただく——の集大成を見るように感じたのが、「ちろりん村」こと、雄琴《おごと》のトルコ風呂団地だった。昭和五十五年九月現在、男女あわせて住民およそ千百名……。

ちろりん村・開村

田守世四郎はその朝を、ほとんど眠れないまま迎えていた。

昭和四十六年二月六日、雄琴にはじめてのトルコ風呂が店開きしたのだが、花影というその店は、白壁をコバルト色で縁どりした三階建て。どことなく回教寺院のような表構えの店が、琵琶湖の岸にちかいところに、周りの眺めとそぐわない佇《たたず》まいを見せている。すこし離れた横に一軒だけモーテルがあった。その角を湖岸と並行して伸びた国道一六一号の彼方、雄琴温泉の旅館街まで、冬景色を残した田んぼが続いている。

「店を開けても、こんなところまで客が来てくれるだろうか」

目算を立ててはいたが、この店の経営者、田守はやはり眠れなかった。そばに、あまり繁盛しない温泉場があるだけで、京都、大阪からも遠く離れた辺鄙《へんぴ》な場所である。この土地にトルコ風呂が建つ噂に業者たちは、ほとんど関心を見せなかった。それどころか、半年でつぶれるだろうと予測を立てる者もいたくらいである。大都市の盛り場か、歓楽色の強い温泉街のほかは商売にならないと信じられていたからだ。そのジンクスを破ろうとするどころか、当時にしては珍しく浴室が十五もある大型トルコだけに、狂気の沙汰と見られた。

とりあえず、部屋数だけのトルコ嬢は揃《そろ》っていた。公休日、病欠を考慮して、部屋の五割増が適正なトルコ嬢の定員とされているだけに、十五人ではすくなすぎたが、これだけ集めるのにも彼は苦労した。関西地方初の本格的トルコ風呂が看板だけに、関東流サービスのできるトルコ嬢が必要だ。しかし、当時はすでに好況の絶頂だった千葉や川崎から、土地の名前さえ知られていない雄琴まで、わざわざ来てくれる物好きは、はじめは皆無だった。

　そこで田守は考えた。京都見物のつもりで彼氏を同伴してもいいからと、往復のグリーン特急券と一流ホテルの宿泊、観光タクシー付きの約束でトルコ嬢を口説いて回った。開店の初日だけでもどうにかなればということで二日目から後のことは考えなかったというから無謀だ。それでも、関東は横浜、川崎、千葉、東京の吉原あたりのトルコ業者の伝手《つて》を経て、開店前日までに十五人ほどのトルコ嬢が集まってくれた。一週間ほど前から京都や大阪の市内を、「本格的トルコ風呂開店」と書いた横幕をオープンカーの胴体に張って走らせた。宣伝はそれだけだったが、たまに雄琴までの道順を問い合わせる電話があって、多少は彼を安心させていた。

　当日は天気晴朗、まさに開店日和だ。

「朝の八時ごろから何回、店を出たり入ったりしたことやら。国道を曲がって客を乗せた車がこっちに来ないものか、そればかり気になって」

開店は午後三時と決めていたのに、田守もよほどのぼせていたと見える。ところが、昼をすこし回ったあたりから、まだ舗装していない道を土埃《つちぼこり》を盛大に立てながら、車が入ってくるのだ。

「西部劇の幌馬車競走のようでしたよ」

三台や四台ではない。たちまち駐車場を埋めつくした。まだ閉めてあった正面ドアの前で客たちが、「早く入れろ」と騒ぎはじめる始末に、時間を繰り上げて開店した。二十人ほど入れる待合室はたちまち満員となり、溢れた客には番号札を渡して車のなかで待ってもらう。てんやわんやのなかで外を見ると、土埃を舞いあげた車がまだまだつめかけてくる様子に、「はじめのうちは嬉しくて天にも昇るほどの気持だったが、だんだん恐ろしくなって、しまいにはこれ以上客が来ないよう」祈ったというから勝手だ。

この日、午前二時までに約二百人の客が入浴し、百人ほどあぶれて帰った。十五人のトルコ嬢だから、一人で十三人もサービスしたことになる。休憩どころか、夕食さえ満足にとれなかったほどだ。彼女たちは京都見物はおろか、肉体の極限を験《ため》すことになって控室でのびていた。それから一週間以上も、こんな騒動が続くのだが、のんびり京都見物のつもりで来ていたトルコ嬢のうち、このままでは殺されると、恐れをなして逃げ帰ったのは、たった三人だけ。つぎの日になると後続部隊が到着。二日めが五人、そして日を追って一人二人とさみだれ的に応募者が来てくれた。何日かすると、雄琴というところは忙しいそうだ、とたちまち噂が関東のトルコ地帯に広がって、応募者がさらに押し寄せる始末だった。

雄琴のトルコ風呂第一号はこうして店を開けた。「ちろりん村」の歴史も始まったのである。

その年のおなじ日。

トルコ嬢のサクラは横浜にいた。幻覚に悩まされながら、野毛山の六畳一間のアパートで、もう一週間も飲まず食わず蒲団にもぐりこんでいた。高校教師を父にもつ彼女はシャブすなわち覚醒剤の中毒だった。同棲していた男と別れたばかりで、シャブにも訣別しようと苦闘していた。

玉緒は北海道の札幌で三越デパートの店員だった。そのころ流行していた幅広のネクタイを陳列しながら、自分の気に入った柄を見ては、プレゼントする相手が欲しいと考えたりしていた。遅い春を迎えた大通公園の樹が青い芽を吹くころ、自分の将来を決定的にする相手があらわれるとは、まったく想像していない。

山田忠幸は、そのころ三重県四日市で極道の身内だった。韓国籍をもつ彼が、人種の差別を意識しないで生きて行けるのはこの社会しかない——、そう思いはじめていた。名古屋の中村遊廓のあとにできたトルコ街で働くトルコ嬢のヒモをしながら、何とかして男をあげようと、生き急ぎ死に急ぎの毎日であった。

京成電鉄の千葉駅のそばで喫茶店のウエイトレスをしていたのは春香だ。楽しそうなアベックの客を眺めながら自分をそこに置きかえては、胸をふくらますことの多いとしごろだった。遠いと考えていたものに手が届きそうな、ほのぼのとした想い——。複雑な家庭で幸福をほとんど知らずに育った彼女は、家を出て一人の生活をはじめたばかりだ。

峰沙お理は、たのしさいっぱいの毎日だった。札幌の看護婦学校で二年生、自分よりひとつ年上、十九歳の男の子と中島公園のスケート場で知りあったばかり。寮の門限九時を週三回も遅れながら、ほとんど毎晩薄野《すすきの》のディスコなどで遊んでいた。その幼い恋人にはじめて唇を許したのもこのころだった。

トルコ風呂の支配人生活が十年目、小林健二は東京の五反田にある店のフロントに座っていた。レジスターの真上にセットしたテレビカメラが、金の出し入れを監視していた。経営者が使用人を信用しなかったからだ。この店で働くようになって七年。

手塩にかけて育てあげた店に愛着はあったが、自立の機会をうかがっていた。

　田守世四郎が雄琴に眼をつけたのは開店の前の年。当時、雄琴には約三十万平方メートルの広大な、トルコ風呂の営業許可地があった。昭和四十一年の第五十一回通常国会で、トルコ風呂に関する規制案件が通過、その法律によって滋賀県当局が定めたのだ。雄琴町と雄琴苗鹿《のうか》町にまたがる、全国に例を見ないほど広い地域だ。この土地が決められたのは、そこに温泉場があったからという、単純な理由によるものらしかった。まさかこんな場所にトルコ風呂なんか出来るはずがない、と見ていたとも思われる。この一帯は湖岸台地の田んぼの中だ。それに県当局がトルコ風呂の実態を把握していなかったようだ。現在のちろりん村の繁栄は夢にも思わなかっただろう。

　結果として、そのまさかが裏目に出たといっていい。のちに、地域住民などの運動で二回にわたる地域の縮小があった。いまは当初の七分の一となって四万五千平方メートル、雄琴苗鹿町の一部に限られている。大津市をはじめ滋賀県の当局者は、雄琴のトルコ風呂について触れたがらない。テクニック日本一のトルコ地帯と噂されることには、特に渋い表情を見せる。「まったく、見通しが甘かった……」、県当局者の嘆息が聞こえるようだ。

観測の甘さはトルコ業者たちにも同様だったといえるだろう。うま味のある商売だけに、ボロ儲けの新天地を探し求めていたが、雄琴には眼もくれなかった。琵琶湖の西岸に日本一広大な許可地があることを知って、視察にやってくる業者はあとを絶たなかったが、車の窓から許可地の田んぼを見ただけで、早々に引き揚げるのだった。

「京都や大阪から遠いのはわかっていたが、一軒くらいだったら、商売になるかもしれないと思って見に行ったのですが」とは、せっかく視察に訪れながら、あきらめが早すぎて後塵《こうじん》を拝することになった、千葉の業者の口惜しさまじりの言葉である。

大都会から遠くても、温泉場の客が来れば何とかなるだろう、そう目算を立てた業者もいた。ところが温泉といっても鉱泉の沸かし湯にすぎない。琵琶湖と比叡山の借景と、冬場は鴨料理を売り物にしていたが、バーやパチンコ屋もなくて、芸者は客の注文があると、大津市内からわざわざ呼び寄せるほど、歓楽的な雰囲気はいっさいなしの鄙《ひな》びかただ。こんなところに、トルコ風呂で遊ぶ客なんか来るはずがない、そう思うのが常識というものだろう。

非常識をあえて犯した田守世四郎という男。大柄ではないが、がっしりした武骨な体つきで、いつも胸を張り、せかせかと忙しそうな歩きかたに特色がある。後退型の髪は薄い。黒い鉄ブチの眼鏡の奥に一見、愛想がよさそうだが油断のない眼が光る。

が、鼻の下の髭《ひげ》がわずかだが口の両端に垂れ気味で、それが彼の顔の印象を柔らげ、いささか好色さを滲ませているのだ。大声で関西ナマリの言葉を早口にまくしたてる。なかなか能弁だ。大正十一年十月生れ、戌《いぬ》。

彼は、それまで経営していたトルコ風呂に、商売の限界を感じていた。その店は石川県の加賀温泉郷の山中温泉にあった。非常に歓楽的な雰囲気の濃厚な土地柄だけに、部屋の数は十一しかないのに一日に百人もの客が来た。それでもうま味がなかったのは、加賀一帯の温泉に共通している現象だが、ほとんどの陰の商売が、旅館の女中たちの手に握られているからだ。芸者をはじめ、遊ぶ女のすべてが女中を経て客に紹介される仕組みだ。

ぜんぶではないだろうが、加賀の温泉に泊った男の客は、女中から「今夜のお遊びの相手はどうしますか」と聞かれることになっている。私もそれぞれ数回、山中、山代、片山津の旅館に泊ったが、芸者、やとな、パンマ、バーのホステスとメニューは豊富だった。そのリベートが女中の大きな収入源になるわけだ。全国、どの温泉地の旅館も人手不足に悩んでいるのに、この地方だけそれを知らないのは、別途収入の大きさに秘密がある、と伝えられるほどだ。

もちろんトルコ風呂もその対象になる。田守が山中温泉からの脱出を考えたころ、入浴料が五百円なのに、女中のリベートは千円だった。サービス料が入るので収支は合うようになっているが、間尺にあわない話だ。

彼は進出の候補地を探して全国を歩き回った。遊びがてらでもあるが、トルコ風呂の営業許可地がある温泉場にもほとんど行ってみた。

山陰の皆生《かいけ》温泉に許可地はあるが、まだ一軒もなかった。鳥取県の知事に会って感触を試したが、トルコ風呂には問題があるということで、行政側の雰囲気が微妙だった。面倒な問題になっては、とあきらめた。それから間もなく一軒できたが、経営者は前に述べたように川崎の川崎城で泡踊りの創始者、トルコ嬢の浜田だったと伝えられる。

玉造温泉は山陰に独特の沈滞ムードで、発展性なしと見た。

四国の松山、道後温泉は、山中温泉と同様にリベートがからみ、将来も伸び悩むと踏んだ。安い買物があって土地は確保したのだが、手を出さないことに決めた。

徳島は当時、三、四軒のトルコ風呂がすでにあった。それ以上の店は客の絶対数の確保が難しいと計算した。

そして高松。トルコ風呂以外の遊び場が多くて、遊ばせる女の料金が安い。トルコ風呂がそれに対抗できるかどうか疑問だ。おまけにこの土地は、ヤクザ関係が煩《わずら》わしすぎるのだ。

博多の中洲。許可地域のなかに適当な場所はいくらでもあるが、すでに営業している店のほとんどが安い料金だけに、これから資本投下しても、償却が金利に追いつくかどうか不安が残る。

福島県の小名浜が評判になりかけていた。しかし、漁船員相手の商売だけに季節的な商売になる。コンスタントに利益を期待することが難しそうだった。

山形県の天童にも行った。トルコ風呂の不許可県であったことを知ってガッカリ。調査不足だった。ちなみに地方の条例でトルコ風呂の営業を認めない県が、全国に七つある。青森、山形、群馬、長野、富山、福井、奈良だが、その他に既存の店だけの営業を認めて、新規の営業許可をしない府県もある。京都がその例だ。既存の店の代替り、補修を許さず、自然消滅を待つ構えだ。

そのあげくに訪れたのが雄琴であった。

「生れつき一途なところがありますな。欲しいと思えば、それなりの努力をせんならん、そう信じていたことと、持ち前の好奇心と冒険好きのせいでしょうかな」

トルコ風呂の新天地を求めて全国行脚したことを、彼はこのように説明した。

何人か業者が視察に来ては、あきれて帰ったことを彼は地元の人から聞いた。

「当り前ですよ。ここがトルコ風呂の許可地域だと見せられたところが、国道をはさんだ一面の田んぼ。あぜ道に入ってみたら蛇がとぐろを巻いて、蛙《かえる》が跳びはねている。そばを流れて琵琶湖にそそぐ大正寺川は、鮎が川面を黒くするほどあがって網ですくえそう」

のんびりした、気分のいいところだと思いかけたが、商売を考えるとそうはいかない。モーテルが一軒だけポツンとある。田んぼをはさんだ山側が雄琴の温泉街、ひっそりと静まりかえって客の泊っている気配がない。とにかく一泊して様子を見ようと、ある旅館に部屋をとった。これが何と「ほかに泊り客がいないので、大浴場は湯を入れませんから悪しからず」という挨拶なのだ。この年の三月中旬から大阪で万国博が開催され雄琴温泉も余恵をうけて大入り満員になるのだが、その半月ほど前のことだった。

二十四軒ある旅館は、ほとんど夜になっても窓が暗い。当時は昭和元禄と呼ばれるほど、世をあげて好景気だった。レジャーブームで、観光地の旅館はウケにいっていたというのに——。食事の給仕をしてくれた女中に聞いてみると、「年に二、三回、修学旅行の生徒が来てくれるときだけ、旅館が賑《にぎ》やかになるていど。景色の良さだけが取り柄で、温泉かて沸かし湯やし、ほかに何の面白いこともあらしません。客が来んのは当り前だっしゃろ」と、すっかり諦《あきら》めた様子である。歴史は古いのだが、近代に入ってからは繁盛した記録のない温泉地だ。旅館のパンフレットと郷土誌から、その由来を引用すると――。

「いまから千年の昔、文徳天皇のころ、今雄宿禰《いまおすくね》、荘園内の苗鹿に法光寺を創建なし、天皇はその氏寺を国家鎮護の道場と定められた。これより先、法光寺境内に霊泉こんこんと湧出し、不思議にもこの泉を飲めば難病も立ちどころに治まるというので、西近江路を往来する旅人は、必ずこの寺に参詣して念仏を称えつつ、この池中に賽銭を供えて旅路の安全を祈願すると、たちまち池の底より多数の泡が吹き上がって加護の祈念に応えたという。（中略）爾来、この池を念仏池とあがめ随喜の的となった。三十数年前、伝説のゆかりによりこの池を温泉と改修なしたるところ、伝説の通り古銭おびただしく発掘す」

ある旅館の由来書には伝教大師が開発したと、異説もあるようだが、いずれにしろ古くて由緒あることはたしかなようである。温泉旅館が出現したのは意外にあたらしくて、大正十二、三年ごろのことらしい。フッ素やラドンを含む鉱泉で、リューマチ、胃腸病、婦人病に効能があるとされている。泉源は月に五、六千立方メートルを湧出する。

戦後しばらくの間は進駐軍に接収されていたが、解除されたあと世の中は温泉どころではなく、雄琴の旅館は四苦八苦していた。何か目玉になるものはないかと考え出したのが鴨スキ。十一月になるとシベリアから琵琶湖に鴨が飛んでくる。落穂を食べて脂がのる。それをスキヤキにして名物に仕立てあげた。PRのため冬になると大阪までキャラバン隊を出して、駅前で生きた鴨にネギを背負わせ、二百羽くらいを人波に放したという。この作戦が当って雄琴温泉の知名度はいささかあがるのだが、客が多いのは鴨のシーズンだけで、ほかの季節が効かない。昭和二十六年、大津市に合併され、これが雄琴温泉の独自な発達をさまたげたらしい、と見るむきもある。

琵琶湖が国定公園であることと、比叡山延暦寺をはじめ、日吉大社、近江神宮、三井寺といった社寺仏閣と史跡に囲まれた土地だ。観光行政もいきおいそれなりの配慮があって、温泉町の雰囲気にも影響することが多い。雄琴温泉が全国的な傾向の、歓楽指向に取り残されるのは当然だろう。

田守は一泊だけの予定を何日か延ばしてみることにした。夜中じゅう旅館のそばの国道一六一号を走る車の轟音《ごうおん》に、気持をそそるものがあったからだ。一六一号は京阪地区と北陸の敦賀を結ぶ重要な動脈だ。浜大津で国道一号と合流、それを行くと名神高速道に上ることができる。むかしの西近江路だが、現在は列島縦断の産業道路としての役割りを果している。田守が雄琴を捨てがたいと感じたのは、この道路が持つ性格に暗示されるものがあったから、といえるだろう。

結局、彼は雄琴に五日間もいた。滋賀県の行政当局、警察、保健所などのトルコ風呂に対する感触をたしかめたが、いずれもトルコ風呂が出来ることに難色を示す。この地域をトルコ風呂の営業許可地に指定した当時の野崎県政が、日本列島改造論的な発想で、土地ころがしの材料にしようとしたのだと、いかにも迷惑そうなのだ。貧乏県だけに、何かトルコ風呂以外の開発材料として考えてくれないか、そんな相談までうける始末だった。

当時、トルコ風呂はサービス・テクニックのパターンが確立され、完全に売春防止法以後の赤線代行の役目を果していた。それを所轄している当局は、指導に頭痛鉢巻の有様だけに、滋賀県の当局者が神経質なのも無理でない。この前年、日本キリスト教婦人矯風会が、トルコ風呂の規制強化の要望書を関係機関に提出している。

緑と水の美しさを謳う土地柄だけに、県民の強い反発を呼んで、トルコ風呂が完成する前につぶされるだろうと、忠告もされたが、「おもろない雰囲気やったけど、やるやらんは別にして、とにかく、とことん調べてみよう、そない思いました」と彼は、いささか意地になっていたようだ。

まず国道一六一号の端に立って交通動態を調査。午前と午後、そして夜間から早朝にかけて、車種と、これは推測だが、通行の目的。その結果、細密なデータを作成したが、残念なことにその資料は紛失してしまったそうだ。京都、大阪そして福井など、この経路と密接な関係を持つナンバー・プレートの車が多いのは当然だが、兵庫、岡山、そして岐阜、愛知、さらには島根、鳥取、石川あたりまで、広範囲にわたって相当な数にのぼっていた。要するにこれは、道路さえあれば移動のエリアが無限、簡単にいえば、モータリゼーションの時代ということだ。

「京都、大阪から離れていたかて問題やない。もっと遠方から客を引っぱることもでける。雄琴温泉の現状も無関係。ええ店をこさえたらよろし、いうことや。そない考えてえろう興奮して来よりました」

そのとき、田守の頭のなかには、これから作りあげようとしているトルコ風呂の設計図が、ハッキリと出来あがっていたのだ。まだ、日本のどこにもない大型の店で、サービスのシステムも先端を行く関東流を導入する。当時、泡踊りをはじめとするトルコ・テクニックは、横浜から西のトルコ地帯に入っていなかった。雄琴にそんな店が出現すれば、京都や大阪ばかりでない。行程が二時間や三時間の範囲内であれば、一六一号をたどって客が来てくれるだろう。

地域住民のトルコ風呂に対する反発にどう対処するかは、何日か雄琴にいる間にその目算もたち始めていた。それとなく農家や旅館の感触をたしかめてみると、トルコ風呂の営業許可地にあたる地主たちは、いずれも土地を金に換えたがっている。旅館も雄琴に人が集まる条件を期待し続けていたのだ。すでにポスト万博に頭を悩ます業者がいた。

田守はゴーサインを出した。突撃ラッパといったほうが当るかも知れない。県の当局者は「許可したとしても、厳重な指導と監視を続けるからそのつもりで」と、釘《くぎ》をさすのだった。許可地の南の外れ、大正寺川に沿った場所を決めた。国道の角にモーテルが一軒あり、その隣はある時代劇俳優が、モーテルを建てるつもりで土地を確保していた。後に千姫というトルコ風呂を開業して、武家の商法のことわざどおり数々のトラブルの基になるのだが、その横に三千平方メートルを買った。坪当り六万円。地主の言い値だ。

「半分が自己資金で、残りは銀行から借り入れました。地代と建築費をあわせると一億円は」と彼は金額をはっきりあかさないが、一億二、三千万円はゆうに超えているだろう。当時のトルコ風呂の投資にしては破格だが、私の試算によると、半年ほどで償却したはずだ。田守の眼に狂いはなかった。開店して二十日めごろにはトルコ嬢も四十人以上に増え、三交替で押し寄せる客をさばいた。一杯のラーメンを三度に分けて食べたと、その忙しさの譬《たと》え話にされたが、事実、勤務時間中にはラーメンを食べ終えるほどの休憩時間も与えられなかったようだ。

それでも連日、あぶれる客が出る始末だった。評判が評判を呼ぶとはこのことだろう。そのころはまだ、雄琴でただ一軒のトルコ風呂のことが、新聞や雑誌に取り上げられることはなかった。クチコミだけが京都、大阪はもちろん、遠くは名古屋、下関あたりからまで客が車を駆らせたことになる。

「これが、都市の盛り場やったら、周りの風当りが強うて、お上にマークされたんと違いますか。田んぼの中の一軒家やよって、周りに迷惑かけることもないさかい」

彼がはじめから、そこまで計算に入れていたかどうか疑問だが……。

雄琴の評判はただちに全国のトルコ風呂業者に伝えられた。花影が開店した年の七月、白雪と東京トルコが店を開き、その年末までに七軒も戦列に加わった。四十七年には八軒、四十八年の景気がピークの時に総軒数は二十九軒、ますます「ちろりん村」の偉容は整えられた。東京の吉原、千葉・栄町、川崎・堀之内、そして横浜・福富町と、当時、先進トルコ地帯からのベテラン業者が、ベテラン・トルコ嬢を引き連れ、雄琴に大集合のありさま。そして関西地方のトルコ風呂の主流だった、本番だけがサービス、というのではない、本番プラス前後のプレーもタップリという関東流トルコ・テクニックが妍《けん》を競うことになった。

元来、ピンク産業はキャバレーとアルサロを除いて、関東が先鞭をつけて発達の過程に導いている。これは、あまり自慢するほどのことではなさそうだが、ストリップも起源は関東だ。そして特出し、マナイタ以前の正統ストリップまでは、関東ならではとされていた。ピンクサロンも同様だし、そしてトルコ風呂も――。いずれにせよそれらの分野は東高西低といえる。

四十六年ごろ関西にもトルコ風呂はあった。しかし内容を関東にくらべると雲泥の差。京都市内の三軒は既得権による営業で、どうにか店を開けている程度だった。大阪府に二十二軒あったが、ほとんどの店はサウナと同様、完全に美容と健康だけという健全さである。そのかわり「個室付きマッサージ・センター」と称する店が、キタやミナミにあった。その一部の店でマッサージ嬢の過剰サービスを行っていたが、関東の古典的な指技サービスだ。そして神戸、新開地と呼ばれる旧福原遊廓のあとにできた約五十軒のトルコ風呂スタイルの浮世風呂は、テクニックなしの本番だけ。いずれにせよトルコ風呂不毛地帯といえる有様だから、雄琴の繁栄は当然だ。

ちろりん村が急伸長のピークだった四十八年、二十九軒の店に月間、およそ十一万人の客が来て二十二億円も金を落している。一軒あたり約七千五百万円、そのうち四十パーセントていどが店の取り分と見て、三千万円になる。諸経費を引いても純益は二千万円をくだらない。トルコ嬢も大儲けだ。およそ六百人が働いていた。一人平均して七十五万円。かけソバが一杯百二十円のころだ、現在にくらべて価値は何倍に当るだろうか。腕のいいトルコ嬢は百五十万円以上を稼いだという。余分にチップをもらえるからだ。

ウケに入ったのは、トルコ風呂の関係者だけではない。トルコ風呂の営業許可地域の地主は土地代金が入る。四十六年、田守が買った当時は坪当り六万円。それが年末には八万円になり、四十八年には三十万円にはね上がっている。億万長者の続出だ。金を握った地主はトルコ人種専用のマンションを建てる。東京なみの家賃をとって、財産の保全どころか恒久的な経済の安定をはかるのだ。さすが近江人といえるだろう。よそで聞かされる、土地代金を手にした農家の俄《にわ》か成金になったあげくの悲喜劇は、この雄琴に関してはないようだ。

地元タクシーの滋賀、汽船、ヤサカの三社は、営業所を拡張、配車を大幅に増やしても足りないほどで、浜大津や京都まで、トルコ風呂の客を送り迎えするだけでなく、一六一号沿いのモーテル住いのトルコ嬢から、通勤のお呼びがかかる。ちろりん村のマンション住いでさえ、目と鼻の先なのにタクシーで店に通うからだ。浜大津から雄琴にかけて七、八軒あるモーテルも、雄琴景気に恵まれた。トルコ嬢六百人、その彼氏がおよそ三百人、そしてトルコ風呂の支配人やボーイたちのうち、ちろりん村のマンションに入りきれない連中が、モーテルに長期滞在したからだ。その数はすくなくとも七、八百人になっただろうという。

お陰で迷惑したのは一六一号を走るマイカーのアベックだ。どのモーテルも満室お断り。とんだトルコ公害を現出した。

おなじ公害でも、ちろりん村があらぬ疑いをかけられたこともある。五十年ごろ、琵琶湖の汚染が地元で問題になりかけた。化学洗剤が問題化され、滋賀県がその不使用を条例で決める以前の話だ。琵琶湖の汚染は、トルコ風呂が石鹼の泡をタレ流しにするせいだ、と騒ぎはじめたのである。保健所も捨ててはおけず、早速その調査に乗り出した。結果はシロ。ちろりん村では立派な浄化槽が備えられていて、汚染の元凶でなかったことが証明された。かえって騒ぎ出した地元民の団地が、タレ流しの元凶だった事実を露呈する結果になったのである。

さて、何といっても儲け頭は雄琴温泉の旅館だろう。琵琶湖と比叡山の借景でどうにか喰っていたのが、トルコ・ツアーの客で大入り満員の盛況で、トルコ風呂が出来るまでは、どの旅館も赤字続きで、改修しようにも銀行が金を貸してくれなかったのが、先方から使ってくれとやって来る有様。ほとんどが増改築をし、定員も三倍ほど増えて六千人。五十三年度には四十万人が雄琴温泉に泊った。観光旅館の年間稼働率が全国平均三十五パーセント、それが雄琴では四十パーセントなのだ。売り上げは三十四億五千万円にものぼっている。一時、せっかくの予約がトルコ団地のそばと知って、あわてて解約のケースが多かったようだ。静かなことが取り柄で家族連れが目立ったのに、いまはほとんどが男の団体客で占められている。

それを嘆く旅館主もいるが、単なるつぶやきのようなものだ。しかし、どの旅館主もトルコ風呂のお陰で、とは決していいたがらない。とんでもない物が出来て、そんな表情を見せようとするのだ。現実を問うと、「まあ、そういうことになりますかな」。返事をにごしながら眼をそらす。本音と建前、建前と本音がごっちゃになって、困り果てた様子である。旅館のパンフレットにもそれがあらわされている。どのパンフレットを見ても、温泉街の地図にちろりん村が入っていない。ただ旅館組合のパンフレットだけ、隅のほうに小さくトルコ街の活字が見られるだけだ。

困惑の繁栄といったところだが、ちろりん村のおかげで地元をうるおした金は、五十三年だけで五十億円はくだらないと推定できる。

「雄琴に、わしの銅像が建ったかて、おかしいことおまへんで」

ふと漏らした田守は、あわててその言葉を打ち消したが、案外、心の底では本気で思っているかも知れない。アウトローの稼業だけに、声を大きくして叫べないし、だれも、それをいってくれないところが口惜しい、とも受け取れそうだ。

そのかわり表彰状と感謝状の額が四十枚ほど、ちろりん村の村役場の壁を飾っている。特殊浴場協会の事務局だ。赤十字社をはじめ福祉団体などから寄付金を献じた協会にあてたもので、中央に三笠宮妃殿下から表彰状をうける田守のカラー写真がひときわ光って見える。

雄琴の業者のように全員が協会に加盟しているのは、全国唯一の例だ。自主規制が目的であるため、業者によっては会費を損するどころか、商売のジャマになると考えるからだが、ちろりん村は全員一致、出来るだけ当局の意向にそう方針だ。だから五十四年夏、高校総体のとき三日間も全店休業、大会の期間中はネオンを消して自粛の態勢をしいた。その損害はおよそ六千万円から一億円にのぼったといわれる。そして五十六年の国体も同様の方針を決定した。当局の命令ではなく、業者の自主行動だったが、長いモノには巻かれろの先取り、といったように見られなくもない。組合の発意であゆみの箱が各店に置いてある。年間、集められる浄財は五千万円をくだらないそうだ。

全国特殊浴場協会連合会副会長、滋賀県特殊浴場協会会長、そして、ちろりん村村長が田守世四郎の肩書である。

本籍地は石川県――。現在もそこに邸宅をかまえて、雄琴と二重生活を送る。昭和四十七年、二百七十坪の地所に百四十坪、十五部屋の武家屋敷風に建てかえた。彼を訪れるため、加賀温泉駅からタクシーに乗った際に運転手に行く先をいうと、「ああ、田守御殿ですね」と返事した。陰で土地の人はトルコ御殿とも呼ぶらしい。気に入るまで、間に手を加えながらゆっくり造ってもらったので、完成に二年以上かかったという。いまどき珍しい総檜の入念な仕上げをしてある。建築費だけで当時、一億五千万円はくだらないだろうと見られている。面白いのは客間が和風と洋風とふたつあることだ。いずれも七、八坪以上の広さ。シャンデリア、壁の模様、家具から飾り物まで、金にあかした感じだ。洋室の隣に床を一段あげて和室が続く。部屋に通されたとき、奇妙な感じがした。すでに何回もここを訪れたことがあるような、そんな気がしてならなかった。なぜだろうと考え続けたが、田守御殿の門を出たとき思い当った。洋風と和風と、豪華トルコの待合室の印象だったというわけだ。私は率直に感想をのべた。

「いやあ、トルコが駄目になったら、料理屋でもやろうと思いましてね」

本気にもとれる感じがこめられていた。「あんな、芯《しん》のつかれる商売はおまへんでえ」と言葉をついだが、これは楽しそうなものいいに聞こえた。

田守は七人姉弟の長男に生れた。家業は代々の漆屋。この地方の漆器は特に工芸的な価値の高さで知られる。素封家で父は町の人たちから信頼が篤かった。その彼が家家業を継がなかったのは、戦争が影響したようだ。県立の小松商業学校を卒業したあと、町の小学校で代用教員を勤めたのも、戦争のため漆器どころではない世の中になっていたからだ。そして兵役、甲種合格の現役兵で陸軍に入隊、北支派遣軍で暗号兵となる。将校教育を南京の教導学校でうけている最中に終戦を迎え、そして復員、帰郷となる。

家業に身を入れる気持はまったくなかった。お国のために死ぬつもりだったのが生き延びて痴呆状態にあった。そう彼は回想するのだが、要するに何もしないで遊びくらしていた。温泉場だから遊びにこと欠かない。ほとんど毎日、芸者をあげてどんちゃん騒ぎだ。昼間は家で寝ている。遊ぶのが楽しくてしかたがなかった。兵隊に行く前、代用教員をしていたころから、遊ぶことに熱心だった。学校の帰りに料理屋へ直行も珍しくない。田守の若旦さんということで、どこに行っても大切にされたが、戦後もおなじだった。

父母はすでに亡くなっていた。商売はとりあえず弟がやってくれていた。田守の身持ちの悪さを心配するあまり親族会議がもたれた。女房をもたせたら、考えかたが変るだろうと一決した。見合いをさせられる。

周りの意見におしきられて結婚をきめたが、そのころ情を通じている女性が五人いた。芸者二人、旅館の仲居、小料理屋の女、そして戦争未亡人の旅館の女将。復員して、たった一年ほどの間の戦果だから大したものである。結婚するについて了解を得に手土産もって挨拶しに行った、というから几帳面なところがある。

「ものにはケジメいうものがあります」

それでも芸者の一人と戦争未亡人が別れることを拒んだ。二人も後くされを残すようでは、手際の悪い終戦処理といえる。

「私の方から一方的に別れようとは、どうしてもいえませなんだ。彼女たちに気の毒な気がして」

戦後の混乱はまだ尾をひいていた。漆器産業が活発になるまでには、国民生活の安定も遠いようだった。田守にとって、商売に身を入れるほどのことではなかったのだろう。その反面、時流にのったいい商売はないものか、それを考え続けていた。友人たちがうまそうな話を持ちかけるが、彼は慎重でそんなことに乗ろうとはしない。遊びのほうだけは相変らず。その口を借りると、ただ、うだうだと、何年もすごしていたことになる。地方によくある、何代目かの、若旦那と呼ばれる人種の典型といえたようだ。尊大で無気力、そのくせいうことだけはもっともらしい。生活に困らないから無為徒食をきめこむ。そんなタイプだ。

田守が山中温泉でトルコ風呂を始めたのは、彼なりに時流を捉えたことになるだろう。大阪や東京あたりにはしばしば出掛けていた。そして東京の吉原でトルコ風呂と運命的な出合いをする。昭和三十七年ごろのことだ。当時、都内には百十一軒のトルコがあった。赤線が廃止されたあとの吉原にはすでに二十八軒が店開き、全国で約五百軒を数えていた。スペシャル千五百円、ダブスペ二千円、そして本番が三千円から四千円の時代だ。まだ指技のほかに、トルコ・テクニックの出現はなかった。

「本番をしてもろうたかどうか、覚えがないんですが、何や知らんけどおもろいもんやないか、そない感じまして」

その時は吉原を験《ため》すだけで山中に帰ったが、「何や知らんけどおもろいもんや」の気持が頭から離れなかった。すでにそのころ山中温泉にはトルコ風呂が一軒あったが、ではないと思うのだった。

それとなく、山中温泉ただ一軒のトルコ風呂の様子を見ると、結構いい商売になっている様子なので、田守はまた東京に飛んだ。持ち前の好奇心だけではなかったようだ。吉原、新宿などのトルコ風呂を片端から巡って歩いた。はじめのうちはおぼろ気にだったが、そのうち自分の商売として可能かどうかを考え始めていたのだ。まだトルコ風呂が出現して間もないころだから、その道の専門家はいない。トルコ風呂工事を請け負った工務店や水道工事業者が、この商売が有利なのを知って、自分たちもトルコ風呂を開業するといった、オール素人の時代だった。そのことを田守は初めて知った。

昭和三十八年、花園トルコが山中温泉に誕生した。トルコ風呂営業の面倒な規制はまだなく、保健所の検査だけで認可をうけて開業。すべて東京の吉原や新宿で巡り歩いたトルコ風呂の、見よう見真似である。十一の浴室だったが、これに一日平均、百人もの客が来た。客を紹介してくれる、温泉旅館の女中にリベートを払ってもまだ儲かった。彼が持っていた土地建物だから、改装費は当時の金で約五百万円。それを半年以内に回収してあとは丸儲けである。

「うだうだしてんと、なぜもっとはよう商売せなんだのか」と彼は口惜しがるのだが、もちろん、トルコ商売を始める前に親族たちの反対は大きかった。水商売に関して、山中温泉という土地柄だけに、それほどの抵抗はないが、彼が家業を捨てることを反対したのだ。

「漆屋は戦争や時代であかんようになるけど、トルコ風呂いうのんは、男がいーちばんええことをするのを扱こうた商売や。人間がある限りのうなるはずはない」

彼のたてた目算だった。売春防止法が施行されたあと、ザル法と呼ばれているそのザルの目を、トルコ風呂の将来に見出していたのだろう。

「男のいーちばんええこと」が、いまでも田守の口癖だ。私が彼に初めて会ったのは雄琴にトルコ団地が出来て三年目だった。そのときすでに特殊浴場協会が結成され、協会長に選任されていた。その口から「男のいーちばんええこと」の台詞を聞かされ、私は面喰らったのを覚えている。もっと生々しい原語を混じえる言葉だったたからだ。

その当時、千葉や吉原などの協会を訪れることがあった。トルコ風呂業者から互選された役員たちは取材だと知ると、一様に敬遠する。「お前たちがあること無いこと、デタラメばかり書くから、業界が世間に色眼鏡で見られる。ごく一部の行き過ぎが全体のことにとられ、迷惑もはなはだしい。うちの協会員は健全サービスしかしてない。

話すことは何もないから帰ってくれ」。けんもほろろに、名刺を突きかえされ、塩を撒かれることもあった。トルコ・テクニックが爛熟を迎えていたころだが、業界一般は必死に、臭いものにフタをしたがっていたようだ。しかし、この雄琴はよそとは少しばかり違っていた。

「雄琴は男の天国だっせ。いーちばんええことがある。ホステスかて（なぜだか田守はトルコ嬢という呼びかたをしたがらない）どないことしてお客さんを満足させるか、必死に研究してはります。体を貸すだけやおまへんで……。

もし、トルコ風呂がのうなったとき、どないことなる思わはります。極道もんの手で地下に潜って、それこそ悪いことのし放題や」

この業界の必要性を説く。私が売春という言葉をさしはさんだ。

「トルコ風呂は売春やおまへんで。技術を売る場所だす。ここんとこをよく考えとくれやす。売春いう言葉には、働いてる女性の涙や強制や搾取や、暗い部分のイメージしかおまへん。トルコ風呂はそないもんとちゃう。テクニカル・スペシャリストや。ホステスに売春の意識がないもんを、何で売春ときめたがるのですか」

猛然と嚙みつかれたのである。

それは、やらせる側の論理——、私はいいかけてやめた。買う側の論理を問われたとき、その返事の用意がない。

「しかしですね、法律というものがちゃんとトルコを認……」

一瞬、困ったような表情を見せながらそこまでいって、

「だから業界は自粛せな、ならんのです」

断乎といった口調できめつけるのだった。なんたる矛盾。

「せやけど世の中いうもんは、表があるから裏がある、いうもんやおまへんか。ことに、男にとって、いーちばんええことやさかい」

そしてつぶやいた。

「理屈では割り切れんものを理屈で押し通そうとしたかて、そら、無理いうもんですわ」

田守にはすでに成人した二人の息子がいる。彼にいわせると親に似ない不肖の息子たちは、堅物なのだ。遊びというものを知らない。トルコ風呂にさえ行ったことがないそうだ。次男はサラリーマンになっているからいいとして、問題は長男のほう。東京の大学を卒業したあと、就職しないまま、家で本ばかり読んでいた。専攻した工学関係のものだ。それが突然、家業をつぐといい出したのである。トルコ風呂の経営を

やるというのだ。

「あんた、遊びも知らんといて、男女の機微がわかりますかいな。そない男がトルコ風呂をやるいうたかて、そら、あきまへん。勉強したんが法律やったらまだわかるけど、高等数学ばかりいろうといて、数字では割り切れん商売を、何でいまさら」

彼はトルコ風呂経営を一代限りと考えていた。それはやはり、非合法の稼業だというところにある。介在する問題が多くて難しいことは、田守自身がよく知っている。この商売、割り切らないと出来ない。責任を自分でとる勇気も必要だし、その覚悟は強制しても生じるはずがない。息子にそれがあるかどうか、それが気掛かりだった。非合法かもしれないが、社会的にある種の機能しているのだから、仕事として面白い。どっこい長男はそう決めていた。

「まあ、親子二代のトルコ経営もいいでしょう」

田守としては、まだ決めかねているようだ。いまのところ、山中温泉の店で見習い中、そのうち、新しい店でも、と息子なりに構想を練っているらしい。

現在、雄琴で二軒のトルコ風呂を経営。花影と花の宴だ。いずれも入浴料が六千円の中級店だ。両方を合わせて浴室は四十五、トルコ嬢は常時七十人が在籍している。働き易い条件にあるせいか、新陳代謝があまりない。勤続五、六年が珍しくないほどだ。これは一面、トルコ風呂を経営するうえで、都合の悪い点があるようだ。ほとんどの客が若いトルコ嬢を望むためである。

「出来るだけはよう金を貯めて、別な商売で生活してほしいと思うて、いつもそれをいい聞かしてるのですが」

欲が出て働けるうちはと頑張ったり、それはいいとして男に入れ揚げたりで親の心子知らず、で仕方がないといった表情だ。

古いといえば、花影にママと呼ばれる中年の女性がいる。総支配人的な立場で管理の責任をもつ、田守にとって十五年来の愛人だ。彼女が山中温泉で旅館の帳場にいた当時からの仲である。一生、そばにいてもらうといっているのだが、本宅のある山中温泉に帰ったとき以外、田守は外泊をしたことがない。全国特殊浴場協会の全国会議が東京や、他の都市でもたれたときでも彼は日帰りである。

「ママがうるそうて」

全国特殊浴場連合会の役員の間で有名な話になっている。浮気はあかん思いますけど、遊びまであかんいわれては、とトルコ風呂のオヤジに似つかわしくない悩みをもらすのだった。

ちろりん村・午前10時

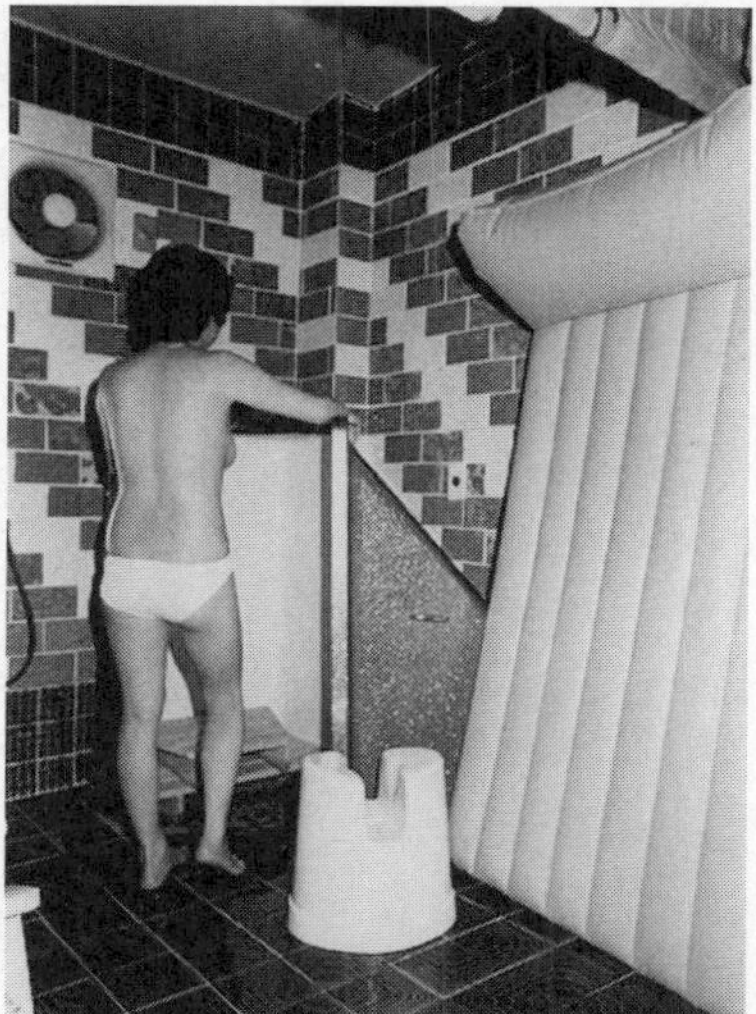

ちろりん村の朝は遅い。昼の十二時になるというのに、まだ人影がない。明るい陽射しのなかで村は何ごともなかったように眠っている。軒を並べたトルコ風呂は夜の化粧を落して、素顔をむき出しで、まるで映画のオープンセットのように裏側に回って見ればがらんどう……、ふと、そんな錯覚に誘われる。村の物音といえば、壁に取り付いたネオンの看板が風にあおられて軋む、それが耳に入るだけ。国道一六一号をひっきりなしに走る大型トラックの轟音は、背をむけると別な世界からのように遠くに聞こえる。

鎌倉御殿のサクラが目を覚ますのはだいたい十二時ごろだ。店の寮で寝泊りしている。六畳間に一人。雄琴のトルコ風呂は寮を持っている。全国各地からトルコ嬢を集めるからだ。もっとも彼女たちは来た当座だけ寮生活をして、自分で部屋を探すと出て行く場合がほとんどだ。門限やうるさい規則はないのだが、気ままに暮しにくいような感じになるらしい。それに、前に働いていたトルコ地帯に置いて来た彼氏を呼び寄せたりすると、寮に入る資格を失うからでもある。寮は店のなかに設けてあったり、村のなかのマンションを借りて当てる。

ほとんどのトルコ嬢はショルダーバッグと、当座の着替えだけを入れた手提げの紙袋をひとつだけ下げて、ブラリと現われる。ちろりん村の居心地はどうだろうかと、いちおう偵察するのだ。一週間ほど働いてみて、居心地も悪くない、稼ぎも納得できる。そうなると、改めてスーツケース一個ていどの荷物を持って出直すわけだ。面白いことに、前の居住地からそっくり引っ越しては来ない。二年、三年とこの村の住人でいたとしても二重生活だ。前に住んでいた部屋に家財道具をそのまま置いて、月に一回か二回、家賃を払いがてら、部屋の空気を入れ替えに帰る。寮を出て自分でマンションを借り、家財道具をそろえたトルコ嬢もそうだ。無駄なことをするようだが、生活の本拠をちろりん村にはおきたくない、そんな気持が彼女たちの間に強いからだろう。

サクラは大阪の市内に四十五坪の土地と、一軒家を買った。そこには公休日に帰って、将来は結婚する予定の男と束の間の家庭生活をするだけ。通勤に不便だし、仕事をやめるまでは男と離れていなければと考えてのことだ。

その日、彼女が最後の客を送り出したのは明けがたの三時ごろ、七人目の客だ。部屋にもどって蒲団に入ったのが四時。客のうち五人が馴染みだったおかげで、それほど神経は疲れなかった。初対面の客が一日に半分以上あると、身も心もクタクタになる。相手の気心がしれなくて神経を使うせいだ。そうはいっても、サクラはこの店の売れっ子だ。指名の数で成績のランクを決められるが、月に百を超える。鎌倉御殿で働く三十六人のトルコ嬢のなかで、いつも五位を下らない。

いくら神経を使わないですむといえ、やはりこの稼業は重労働だ。気持の良い目覚めを迎えたことはまったくない。体がどっぷりと疲れにひたっているようで腰が重い。両肩から首のうしろ側に厚い板をはめられた感じだ。まだ意識はもうろうと定かではないが、頭のどこかに「今日は早番だよ」、そんな囁《ささや》きかけを聞いた気がする。早く起きなければと思いながら、しばらくの間、夢うつつのなかにいるのだった。

厚いカーテン越しの陽射しが部屋のなかを明るくしている。まだ眼の焦点が定まらない。思いきって蒲団の上に起きあがろうとするが、全身が萎《な》えたようで、両腕でようやく上体を支えた。聾りながら窓のそばに行く、カーテンを寄せる。くもりガラス越しの光線がきつい。眼を堅く閉じたまま窓を開く。すぐそばを通る国道の騒音と比叡おろしの新しい風が、たちまち部屋をいっぱいにした。しばらくの間、そこにうずくまったまま気分がシャンとして来るのを待つ。この部屋で目を覚ましたときはいつもそうだ。寒くても雨が降ってもこれが習慣になっている。

明るさに眼が馴れかけたころすこしずつ瞼を開いて比叡山のほうを眺める。ぼんやりと、しばらくそうしている間に、頭のなかのモヤモヤがいくらか晴れていくようだ。

しかし、どっぷりした疲労感はまだ残っている。洗面道具を持ってネグリジェのまま部屋を出る。トイレに行って、洗面所で歯ブラシを使い、冷たい水で顔を洗った。それでもまだ、頭の芯まではスッキリしない。部屋にもどると、押入れの引出しからパンティを出して穿《は》き替える。そのとき、トイレで下腹部がヒリヒリしたのを思い出す。フルコートのクリームを指先にとって、それを適当な場所になすりつけた。「明日は遅番だから、病院に行ってみようか」。ふと考える。

仕事から帰ったとき枕元に放り出したままの、スパンコールを綴った大き目のセカンドバッグから、朱と紺色を大胆に使った、ロベルタの札入れを出す。前から入れてあった金額を思い出しながら数える。十六万円ほど増えていた。規定のサービス料のほかに、チップを置く客が割合にいるものだ。サクラの場合、一日におよそこのていどの稼ぎにはなっている。今日は、銀行屋さんが来る日だ。それを思い出した。日を決めて定期の掛け金を集めに来るのだ。彼女は百万円ごとに定期預金している。財布のなかから五十万円だけ預けておこうか――、そう決めた。

Gパンと薄いセーターに着替えて、遅い朝食に出かけることにする。化粧はしない。気分は、いくらかハッキリして来たが、腰のあたりのだるさがたまらない。財布とタバコを持ち、宿酔の時のようななさけない足どりで部屋を出た。

「いつも、ようやくの思いでその日を迎えるの。毎日、無理を重ねながら体をこき使って、よくこんなにからだが続くものだとあきれてしまう」

言葉ほどには苦しくなさそうな顔でいう。サクラの声はすこし高い調子だが、かすれて聞こえる。生れつきらしいが、そのうえいささか舌足らずのところがあって、何となく可愛い女を感じさせるのだ。愛らしいといっても昭和二十一年生れだから、とうに三十歳を超えるが、その年齢には見えない。背丈は百六十センチあるだろう。均整がとれているので柄を大きく見せるが、うりざねの、どことなく内裏雛《だいりびな》を想像させる、柔らかくてやさしい顔立ちが、ちんまりした感じを与え、彼女の背の高さを抑えているようだ。左の内腿に、緋牡丹を彫っている女とはとても信じられない。

店の横の通用口を出たところが駐車場だ。十二、三台は車を置けるだろう。それを斜めに突っ切って道に出る。村のなかにも人の影がようやく見えはじめていた。寮やマンションから、やっとのことで這い出して来たように、生気が失せてよれよれの感じだ。男も女も寝起きの悪い不機嫌さをかくさない。女たちの化粧のない顔は渋紙を張りつめたようだ。よく落とさないで寝たのだろうか、口紅が唇の端にはみ出して、口裂け女のように見えるのもいる。明るい陽射しのなかでみれば、まるで鬼の行進だ。

おはようさん、顔見知りがサクラに挨拶する。声だけは晴れやかで、うらはらな感じを与える。彼氏といっしょに、というのもいる。男の顔にも生気はないが服装だけは整って、それが何となくちぐはぐだ。外国製らしい、いかにも高価そうなシャツとプレスのきいたズボン。女たちが挨拶をかわしあっているのに、男は無表情にうっそりした顔を動かさない。なかには、そっぽを向くのもいる。

それぞれに村の入口か国道沿いのレストランに行く。贔屓《ひいき》の店がある。村の周辺にこの種の店が七、八軒あって例外なく大津の中心部にくらべて飲物や料理の値段が高い。住人たちは、雄琴値段と呼んでいる。コーヒーとコーラのたぐいは三百円から三百五十円。焼肉定食、とんかつ定食など、料理と味噌汁、ごはんがセットのものは千七百円から二千円で、五割以上は高いが、ボリュームがある。「運ちゃん食堂なみ」ということだ。

起きぬけというのに、ほとんどの彼女たちは食欲が旺盛だ。焼肉定食に野菜サラダ、そして小鉢に山盛りのお新香……。なかには朝っぱらからステーキを張り込んだり、定食に海老フライを別注文して、野菜サラダを加える驚異的なのまで。女にくらべると男は正反対に、フレッシュジュースだけかコーヒーとトースト、例外なく薄めのアメリカンである。いかにもまずそうにパンの柔らかいところだけ、コーヒーで流しこもうとする。

あんた駄目よ、たくさん食べないと——、連れの女が自分の皿からフォークに刺した肉を、男の口に運んでやったり、世話女房のように精いっぱい、こまやかな気の使いかたを見せる。その男たちに、正式の夫はほとんどいない。すなわちヒモ。ただし、この業界では、夫を含めてトルコ嬢の陰にいる男たちを、オヤジと総称する。

サクラが行きつけのレストランは、店のすぐ横の山水だ。村のメインストリートと国道の角地にある。ドアを入ると右と左に分かれ、左側が明るくて喫茶店の雰囲気、右はすこし暗く、落ち着いて食事ができるようになっている。午前十一時ごろから明け方まで営業していて、村の集会所のようでもある。住人以外の客はあまりいない。早番が午後二時、遅番が午後四時、それぞれの時間のすこし前、店に出勤するトルコ嬢たちが腹ごしらえに寄るので混雑するが、あとの時間はオヤジや、店を脱け出してひと息いれる、ボーイ、マネージャーたちのたまり場だ。

私はちろりん村に来たとき、かならずこの山水で時間をつぶす。屯《たむろ》している男の話を盗み聞いていろいろな情報を仕入れるのだ。景気、雄琴トルコの動向、個々の店の内情、トルコ嬢のうわさ話――、小耳にはさんでおいたものが、どれだけ役に立ったことか。ヤマちゃんと愛称されるウエイトレスが、この店で働いている。かれこれ七、八年になるだろう。土地の出身で、いささか肌の色は黒いが、プロポーション抜群の可愛い子ちゃんだった。三年ほど前に結婚して子供もあるのだが、娘時代の面影をいまでも残している。彼女もまた、私にとって得難い情報源だ。

このヤマちゃんがまだ娘だったころ、ちろりん村の男たちはおおいに関心をもったらしい。村でたった一人のフレッシュ・ガールなのだ。私は、無事で居られるはずがないと、危ぶみながら見守っていた。ここは狼の巣のようなところだから、気をつけたほうがいいよ——。冗談まじりにいってみることがあった。「大丈夫よ。お姐《ねえ》さんたちがいろいろ教えてくれるから」。この店に出入りするトルコ嬢が、自分の経験に照らして、男の危険性を説いて聞かすらしかった。それに狼たちもお互いが牽制しあうので、結果として無風状態におかれたようだ。蛇足ながら、ヤマちゃんの結婚相手は堅気である。

ヤマちゃんがサクラを迎える。いつも明るくてみずみずしい声と表情だ。彼女の娘時代、そして恋と結婚、いまは一児の母、と女の幸福が育っている過程を、よそながらサクラはながめて来た。

「うらやましくなんかないわよ、人はみんな生きかたが違うのだから」

そういいながら、ポツンとした調子で言葉をついだ。「どこかで私の人生、狂いはじめたのよ。それが宿命かもしれないのだから、さからったって無駄でしょ」。持ち前のかすれた声が心なし、いっそうかすれて聞こえる。「いろんなことがあったけど、そろそろ仕事をあがろうと思ってる」。四年ほど前から交際をはじめた男とのこれからの生活のことをいっているのだろう。彼は大阪で不動産屋をやっている。

「生きる、ということになるのかしら、仕事をする目的も彼に逢ってから、ようやくわかって来たような気がするの」

サクラはトルコ嬢になって十二年目、仕事をあがるため目標をきめたのはこれが初めてだという。

東京の山手で中流の家庭に生れる。中学生時代から家出をくりかえし、十九歳で本格的に家を出て以来十年間も音信を絶った。その間、男を転々としたあげくにトルコ嬢。内腿に緋牡丹の彫物を刺し、覚醒剤の中毒患者にまでなった彼女は、公立高校教師の娘だ。

父の責任ではないと思うけど、とサクラは強く唇を嚙む。私が特に家庭環境を調査したトルコ嬢、六十七人のうち四十二人が父親欠損だった。父親不在、愛情の偏向、そして無頼、経済状態はほとんど無関係のようである。

サクラは、三人姉妹の末にあたるが、姉二人は継母の連れ子だ。生みの母は、彼女を出産したあと肥立ちが悪くて、一歳半のころ亡くなった。だから母の面影を知らない。物心ついて、写真を見せて欲しいと父にせがんだが、そんな物はないからといって、とりあってくれなかった。本当になかったのかもしれないし、義母に遠慮があったのかもしれない。小学生のころ泣いたあとなんかは、鏡の中の自分に母の面影を探した。いまでも、知らないうちにそうしている自分に気がつくことがある。亡くなった母よりは、はるかにトシをくっているのに……。愕然として我に返り、自嘲の思いにとらわれてしまう。

父は高校の美術教師であった。家にもアトリエがあって、キャンバスにむかうことが多かった。そばに寄るとテレビン油の匂いがしたのを思い出す。絵といえば、彼女がいまでもなつかしいのは、家族そろって土曜日や日曜日、弁当をもって多摩川まで写生に行ったことだ。父が絵の話や筆の運びかたを教えてくれるのがうれしかった。しかし、楽しい思い出はそれだけで、まして父親に抱かれたという記憶はいっさいない。

「私、とっても愛が欲しかったの。どんなかたちのものでもいい——、そればっかり考えてたわけだから……」

サクラは口をつぐむのだったが、結果として転落をたどる原因になった、そういいたかったように、私は聞いた。

「家を飛び出したくせにいつも家が恋しかった。いますぐ帰ることができたら、何回そう考えたかわからない」

　義母が父の愛をはばんでいるのだ、幼いころからそれを信じて来た。ようやく物心がつきはじめたころ、甘えかかった父の背越しに、義母の険しい目があった。全身に怖気が走ったのをいまでも覚えている。父が一人のときでも、義母の目を意識するようになった。授業参観にも来てくれなかった。

「どうせ、こんども来てるはずはない――、考えながら教室のうしろのほうを見てしまうの。やっぱり父の顔は見えなかったわ」

　遠足の弁当も普通の中身だった。同級生たちがお菜を見せあいながら、楽しそうにしているのを、一人だけポツンと離れてながめるのが、どうにもやりきれなかった。子供心に、義母に対する父の遠慮が感じられて、不満を訴えることもできなかった。そして、小学校の四年生のとき、胸部疾患のあった父が入院、そのまま七年間の療養生活を続けることになってしまった。「どうせ、いてもいなくても私にとっては同じような父だったけど、ますます一人ぼっちになった気がして」。

　家庭は彼女のねぐらにしか過ぎなくなった。

　学校が終っても真っ直ぐに家に帰ることはない。同級生の家を転々としながら夕食のころまで、時間をつぶす。

「家に帰っても教科書ばかり見てた。私にとって逃避の方法だったみたい。だから、学校の成績はとっても良かったのよ、これでも」

エスカレーター式に高校まであがる、私立の中学に入った。

「本当に私が悪くなったのはそれから……」

一年生の後半あたりからしょっちゅう学校をサボった。何となく、学校に行きたくない同士が集まって、新宿の盛り場を遊び歩く。そして、突っぱった男の子たちと識《し》り合うようになる。

「べつに、どうってことなかった。これで私もオトナになれるのかしら、そんな気持だった」。中学一年の夏、初体験の感想だ。相手は新宿で出逢った高校三年生で、彼は自分のことをメカケの子といっていた。何回かその子の家に泊って朝帰りしている。彼の顔など覚えていない。「子供じみた遊びのせいかしら」。彼女は自分で不思議がる。

「不良娘と怒鳴られても私は当り前だと思ったけど、インバイはないでしょ」

朝帰りが重なって義母は怒った。彼女はインバイの意味を知らなかった。あとで言葉の意味がわかったとき、腹が立つより先に、義母のお里が知れた気がして、蔑《さげす》みを覚えたというのだ。

素行が改まらないまま高校に進んだ。義母の手に負えないということで、親類の家に預けられた。朝帰りはしなくなっていたが、学校を怠けるくせは相変らずだった。みゆき族という言葉がはやったころだ。駅のトイレで制服を私服に着替え、紙袋に入れたのを持って銀座あたりをのして歩く。小遣いがなくなると、突っぱった女の子を見つけて仲間たちとカツアゲをすることもしばしばであった。

「からだを張って、代償がもらえることを覚えたのもそのころ。最初のうち、期待なんかしてなかったけど、相手の男が何か買ってくれるものだから」

それまで、退屈しのぎのような男との交渉はあったが、遊びの仲間同士に限られていた。代償を与えられる相手とはじめてめぐり逢ったのは、渋谷の街である。ぶらついているサクラに声をかけたのは初老の男だった。

「オジサマとなんて初めて。タバコ臭くてちょっとイヤだったけど、とってもやさしくしてくれたわ。いつまでも、このまま抱かれていたいと思った」

その男は、柄の大きい彼女を高校生と知らなかったらしい。ホテルを出てから赤いショルダーバッグを買ってくれた。本当の革でこしらえたバッグで、前から欲しいと思っていたものだった。サクラは自分が抱かれた代償と考えもしなかった。土曜日の昼下がりだった。それからは週の終りになると、渋谷を歩くことが頻繁になった。だれかがやさしくしてくれるかもしれない、そんな期待があった。自分から求めるほどセックスはわかっていなかったし、はじめから、何か買ってもらおうなんて計算もなかった。

物欲しそうにするわけでもなかったが、彼女を抱いた男は、何が欲しいかを、判で押したように聞くのだ。品物を与えられることに抵抗はなかったが、自分のことをプロだと思って誘うような男は相手にしなかったし、お金が欲しいのか、そう聞かれると必ず首を振ったものだ。汚らわしい表現だが、少女売春というものが世で喧伝《けんでん》されるずっと以前のことである。もっとも彼女にその意識はこれっぽっちもなかった。

「誰かにやさしくしてもらいたかったから、といっても、そのころから私には娼婦性があったのかしら」

しかし、しばらくして、渋谷に出るのを彼女はやめた。やはり土曜日の昼下がりのこと、男に金を与えられたのだ。これでいいだろ、そういって五千円、ポンとテーブルの上に放り出されて、急に情けない気持になった。それと同時に、中学生のとき朝帰りして、インバイと義母に罵られたのが思い出された。いまでも彼女は、金を放ってよこすような客に、殺意とまでいかないが、それにちかい怒りを覚えることがあるという。

「でも、そのとき、素直に受け取ることができるような、お金の出しかたをされていたら、まともな生活の期間がもっと短かったかもしれない。反省みたいなものがなくて、慣れっこになったと思うの」

彼女は普通の娘にかえった。ほどなく高校を卒業、親といっしょの生活にもどっていた。「いま思うと、本当は私って地味な性格だったのよ。だから家にいてお掃除、洗濯、炊事まで、一所懸命にして、何となく張り合いがあったのだから」。二年間、そんな日を送った。父は療養所から家に帰っていたが、幼いころの甘い思慕は、すでに彼女から失せている。義母にも、ひところのうとましさを感じなかった。

近所に買物に出るくらいで遊びにも行かない。高校時代の友人と逢うこともなかった。はたから見ても、ちかごろ感心な娘だったが……。

「信じてもらえないかもしれないけど、何にもなかったのよ、特別なことは。私のなかに魔性が棲んでいたとしか考えられない」

サクラは突如、家を出た。十九歳の夏のこと、暑い日だった。それから十年間、音信を絶つことになるのだ。夏の高校野球のテレビ中継で、ひときわ高い喚声があがったのが、奇妙なことにいまでも耳に残っている。生計費として預かっている金が五万円ほどあったのを持っただけで、せきたてられるような気持のまま、新宿にむかっていた。

「何で歯止めが外れたのかわからないけど、それからの私は転がりっぱなし。たった二年間でも家にこもっていたのがウソみたい」

高校時代の男友達が中野にいたので、そのアパートに転がりこんだ。彼には同棲中のキャバレーのホステスがいた。六畳一間に三人で雑魚寝《ざこね》の生活だ。昼間はパチンコで時間をつぶしているうち、パチプロと識り合う。サクラよりひとつ歳下だった。いっしょにラブ・ホテルにしけこんだ翌日から、男にくっついて回った。彼も住所不定、安いラブ・ホテルを転々としながら、一日の三分の二はパチンコの台にかじりついているという毎日だった。

「ひねこびて、もやしみたいな男だった。どこが良くてそんなのと、と聞かれても自分だってわからない。おなじやさぐれ同士というだけのことですよ。目的もなければ、喜んだり悲しんだりすることもない、虫みたいにただ生きていただけ」

若いくせに男は、ポテンツが不十分だったそうだ。パチンコで神経を消耗させせいらしかった。一緒に寝ていると何となく気持が落ちつくようで、だからその彼と離れがたい気がしていたというのだ。いま、結婚を決めている男を除いて、過去に転々としたどの男たちに対しても共通して抱く彼女の気持のようだ。

「惚れてなんかいないの。ただ、いっしょにいたいと思うだけなの。虫みたいな生きかたといったけど、この気持は虫になってみないと、わからないのじゃないかしら」

サクラがはじめて、トルコ風呂で働くようになったのはこの時期である。パチプロの男の仲間にトルコ嬢のヒモがいた。渋谷の大和で2DKのマンション住いだ。サクラたちはそこに泊ることもあった。安宿を転々としている二人にとっては、別世界のようだ。持ち前のものだったのか、泊めてもらったときサクラは、たのまれないのに掃除や炊事をした。そして、トルコ嬢のお姐さんに気に入られてしまった。私だけいっしょに暮さないか、といわれて家政婦みたいに居つくことになったのだ。ひとつ歳下の男とは、それを機会に縁が切れている。

「ゼイタクをしたくなったの。トルコ嬢のお姐さんが午前二時ごろ帰ってくるでしょ。財布からお札を出して、その日の稼ぎを計算しているの。びっくりしながら私は見ていた。欲しい物が何でも買えると思うの、当り前よ」

四十三年ごろ、東京都内には二百二十三軒のトルコ風呂があった。本番サービスをする店はすくなくて、オスペと呼ばれる指技が主流、一回のサービス料二千円が相場だった。

「一日に十二、三人はお客さんがあったようなの。チップをいれると四万円は稼いでいたみたい。当時にしてみれば大金よ。それに裸になったり、体を売るわけじゃない。

使うのは掌と指だけだもの、ちょっと恥かしいだけで、私にもできそうな気がして」

かくて、サクラはトルコ嬢になる決心をした。

最近のトルコ嬢たちの多くにも、おなじような動機が見うけられる。ことに水商売の経験のない、いわゆる素人あがりの場合、学校時代の友達がトルコ嬢になっていて、その贅沢な暮しぶりにあこがれ、自分も堅気の生活を捨てることを決めるという単純さだ。そんな彼女たちに、トルコ嬢になってしまう、ギリギリの必然のようなものはない。もちろん、苦界に身を沈める意識や自覚はこれっぽっちも抱かないのだ。トルコ経営者のなかには費用持ちでトルコ嬢を帰省させるのもいる。これは北海道や九州の出身者に対してのことが多い。「カルメン故郷に帰る」ではないが、着飾って友達を訪問する。トルコ嬢とはさすがにいわないが、彼女の羽振りのよさに、どんな仕事でもいいと、何人かは志願者が出てくるそうだ。サクラは今の娘たちの思い切りのよさを感心する。

「いまの若い娘のほうが進んでるみたい。私のときは、オスペだけだから、あまり深く考えないですんだけど」

居候をさせてもらっていたトルコ嬢とおなじ店に勤めた。ひととおり先輩の彼女に、手順だけは教えてもらったが、いざ現場にのぞむと考えたとおりにはいかない。オスぺのサービスをしないうちに、時間が終って、公定の五百円しかサービス料をもらえない。当てが外れたわけである。

そのころ、客のほうから特殊なサービスを要求するのはすくなかった。いまより奥《おく》床《ゆか》しかったようだ。トルコ嬢がそれとなく気分をそそらせて、目的の達成に誘いこむのだ。その呼吸までは教えてもらってない。

客の背中を流して、腕と脚も石鹼を泡だてたスポンジで洗うのだが、普通の場合、そのつぎ、男性の部分をトルコ嬢がどう処理するかで、サービスの程度が客に知れるようになっていた。彼女が素手で洗ってくれたらオスペサービスあり。それを客まかせにしたら、そのサービスはなし。サクラは、マゴマゴしているうちにタイム・アップ。

「いつまで待っても誘ってもらえないから、お客さんもイライラしたと思うわ。私だってガッカリよ」

だから、三人めか四人めの客に、やってくれるだろう、といわれたときは、うれしかった。中年のその客は、トルコ通だったらしい。「スリコギを握るのとはワケが違うよ」とあきれた顔をしながら、サクラに手ほどきをしてくれた。

渋谷のトルコ風呂には三カ月だけいた。そして池袋の東口の店に移った。つぎにこしらえた男に移された、というほうが当っているだろう。その男は渋谷のチンピラだ。何となく出来あがった。一人ぼっちが淋しかったのかもしれない。稼ぎも悪くなかったし、一人くらい、男の面倒を見たっていいだろう、そんな気持もあった。彼女の稼ぎは月に四十万円は超えていた。先輩たちがそうであるように、ヒモを養うのはオンナの甲斐性、というものだ。

池袋のトルコ風呂には本番のサービスがあった。まだ、現在のようにサービスがシステム化される以前のもので、店が大目に見ていたのだ。昭和四十三、四年ごろのトルコ風呂は、軒数だけは増え続ける傾向を見せていたが、サービスのテクニックは、指技にとどめられ、まだ泡踊りといった決定技は出現していない。一部、吉原あたりの店でベッドマナーと呼ばれる、舌を使った愛撫の技術をちらほら見かけるていどだった。

東京のトルコ風呂では一時期、本番をさせる店も多かったが、前に述べたように昭和三十九年の東京オリンピックを控え、当局が風紀上の取締りを強化した影響でトルコ風呂のサービスも、おとなしい状態を保っていたわけだ。業者も本番サービスには消極的な姿勢だった。赤線業者からの転向組は、当時、売春防止法の廃棄が遠からずあるもの、と信じる者が多かった。だから喰いつなぎの商売でケガをしたくない気持が強い。

ほかのトルコ風呂業者は、サービス業の素人が多いだけに、売春行為で挙げられてはという、世間をはばかる意識があるのだ。したがって経営者のトルコ嬢管理は非常に厳しい。彼女たちが過剰なサービスをしないか、しょっちゅう見回るだけでなく、持物の検査まで行う。予防具などを発見すると即刻クビにしたほどだ。昭和四十三年当時、都内のトルコ風呂二百二十三軒だったが、そのうち本番が確実にあったと認められるのは、一割ていどに過ぎなかった。

それだけに池袋のトルコ風呂は希少価値があり、大繁盛をきわめた。本番のサービス料は五千円以上、トルコ嬢の気分で金額を決める有様だった。

「早いところ足を洗って、スナックでも始めようじゃないか」

サクラの男の口説き文句だ。

「オスペだけでなくダブスペもやってたから、触られるのも貸してやるのもおなじことだと、わりあい簡単、その気になれたわ。いまの倍以上儲かるのだったら、そうしないと損、みたいな気持もあったし」

たしかに、池袋に移ってからは儲かった。一日に五、六万円にはなる。十人からお客をとるのだが、ただ体を貸すだけだから、疲れかたにしても大したことなかった。

その点、現在のトルコ風呂のほうがはるかに重労働だ。泡踊り、椅子洗い、そしてベッドマナーといった、サービス・テクニックをセットにして、しかもその間、本番が二回ないと、いいサービスをしたことにはならないほどである。

「だからそのころは、どんなに忙しくても、いまのように体がボロボロになる感じはしなかった。私さえしっかりしていたら、若くて体が楽なうちに……、そんなことを考えて頑張ったわ」

早く足を洗って、とは男の出まかせな台詞にしかすぎなかった。しょせんはチンピラである。彼女が金を稼いでくれるのをいいことに、競輪、競艇、マージャンと賭事にあけくれるだけでなく、覚醒剤まで持ちこんだ。疲れがとれるからと、サクラもすすめられて、クスリなしでは過ごせないほど中毒症状を見せる。そのころ、トルコ嬢の間に覚醒剤は蔓延《まんえん》していた。彼女のいた店でもトルコ嬢同士が、注射器を回して打っていたほどだ。彼女も男も一日に八、九回は体に入れないと、禁断の症状を見せるようになった。このシャブ代は一日に二万円かかる。

「シャブくらいやらないと、仲間に幅がきかないような雰囲気だったし、それに、疲れだって、たしかに消えていくような気がするものだから」

しかし、男は傷害事件をおこして刑務所に送られた。七カ月ほどの関係だったが、彼女は面会にも行かなかった。

　サクラは店を替えた。吉原の夕月にしばらくいて、また池袋にもどる。こんどは西口にある西口トルコだ。そして、八百屋の男と識《し》り合った。前は遊び人だったというが、ほとんど毎日、彼女に通いつめるのだった。

「情にほだされたというのかしら、仕事をしているうちは、絶対に男なんかつくるまい、そう決心していたのだけど。その人は年齢も四十にちかい落ち着いた感じだった。口に出して、惚れたなんてことはいわなかったけど、愛されているんだと思ってしまって」

　彼がサクラのもとに通いはじめて二カ月くらい経って、いっしょに住むことになる。といっても、トルコ勤めをやめさせてくれるわけではない。結果として、またヒモをくくりつけられたのとおなじことだ。

「愛されているといったって、仕事から足を洗えなんていってくれない。はじめからそれは期待してませんよ。何となく、男が私の帰りを待っている、そう思うだけで気持が安らぐの。心にもないことだと知っていても、お前に苦労をかけてすまない、そんな言葉を聞くだけで、泣きたいほどうれしくなる。バカみたい」

　八百屋だといっていたが、だんだん仕事に行く素振りを見せなくなる。彼女にとって、そんなことはどうでもいいことなのだ。やがてサクラは、池袋より稼ぎの多い横浜に仕事場を変えた。福富町に開店したばかりの千姫という店だ。野毛山にアパートを借り、八百屋をしていた男も一緒だった。

四十五年ごろ――。

それまでのトルコ風呂の多くは、旧赤線の建物をそのまま利用して、部屋ごとに風呂をつけただけの間に合わせで、新築でも、いつまでこの商売を続けられるかわからない、といった経営者の思惑があり、モルタルの簡易建築がほとんどだった。ところがトルコ風呂が増えるにつれて、競争の時代に入り、豪華和風と呼ばれる本格建築で客の目をひこうと、競いあった。そして、川崎に泡踊りが出現したのを契機に、トルコ風呂のテクニックも開花期を迎えつつあったのだ。横浜はその点、先進地帯でもあった。ちろりん村が開村する二年前のことになる。

やがて八百屋だった男とも別れてしまう。横浜に移って二年のちのことだった。テクニックが複雑になる傾向が強まり、泡踊りも単に客の体の上で体を滑らすだけでなく、縦から横から、逆に足先のほうからと、フルに動き回りながらのものに変る。そして、アタックの回数も一回だけではなくなったから体が疲れる。

それを抑えようとしてシャブをよけいに打つ。中毒が進行していって猜疑心が強くなる。男はシャブをやらなかったから、サクラに注意したりする。止めさせようというより、そんな彼女をもて余していたのだろう。要するに、逃げ出した。女をこしらえただろうとか、私の金をゴマ化しただろうとか、クスリにまかして当り散らしたというサクラに愛想をつかしたのだ。

幻覚症状もそうとうひどかったわけだ。男が去っていった部屋で、サクラは一人、うずくまっていた。男への想いは何も残っていなかった。

「シャブをやめようかしら、そう考えたの。べつに、つきつめた気持じゃなかった、思いつきのようなものだったけど」

ポンプつまり注射器をくだいた。五ミリグラムほどあったシャブの包をトイレに流す、そして入口のドアに錠をかけた。一週間、蒲団に入ったまま、たまに水を飲むていどで彼女は闘った。禁断の苦しさに耐えかねて、何回か外に這いずり出ようとしたが、すでに足腰に力が入らない。天井にも周りの壁にも、小さな虫が無数にうごめいて見える。それが蒲団の上にまで落ちて、襟の合わせ目から肌を這う。それから逃れようと、とめどもなくよだれを流しながら、部屋じゅうをイモ虫のように転げ回った。苦しみに耐えるというより、早く呼吸が止まってくれないか。頭の中には、祈りにも似たそんな思いしかもはやなかった。

サクラが悶え苦しんでいる期間に、ちろりん村の第一号トルコ風呂花影が華々しい店開きをしていた。

シャブをやめたのをきっかけに、彼女は千葉の栄町に店を替える。はじめは帝という店で、すぐ江戸城に移った。この江戸城は、当時、千葉の栄町では、もっともサービスのいい名門として有名だった。たちまちナンバー・ワンになり、栄町でも指折りのスター・トルコ嬢とまでいわれた。容姿と持ち前のやさしい女らしさ、そしてサービスのテクニックと、三拍子そろっていたからだ。彼女の人気は、いまでも栄町の業者の間に語りつがれている。

「伝説だなんて、それほどではないと思うけど、シャブをやめて体の調子が良かったからじゃないかしら。仕事が面白い、というのは変だけど、やり直してお金を貯めようと決心した。だから、何も考えないで、夢中になって仕事を続けたの」

サクラが、左の内腿に牡丹の大輪を咲かしたのはこのころだ。

「刺青のことを、いたずらと呼んでいるの。ヤクザを恋人に持つ若い娘なんか、意気がって彫物をしてるけど、私はそうじゃなかった。格好をつけるほど若くなかったもの。男を絶つ、自分への誓いのつもりだったのです。一生、それは消えないのだとわかってたけど、どうせ男なんかに頼って生きるつもりはなかったし、墨を刺してもらうときもへっちゃらな気分だった」

いたずらをしたトルコ嬢はすくなくない。背中一面に観音様を彫ったり、サクラのように内腿に花を咲かすのもいる。なかには丁寧に花のぐるりを蛇が巻き、鎌首を持ちあげ、赤い舌先が女性器の上部に延びる、というのさえある。サクラが語ったように、ヤクザを恋人に持って意気がって彫る娘もいるが、ただ何となくキレイだから、といったケースも見うけられる。女だてらに、無分別なと思われるのだが、彫物をした彼女たちは例外なく竹を割ったような気性で、しかもお人好しなのだ。だから、そのときの気分のままに、思慮の浅いことをするのかもしれない。現役のトルコ嬢でいる間は、彼女たちから後悔を聞いたことがない。店によっては彫物のあるトルコ嬢を使わない。客がそれを見たとき、畏縮するからだ。その女の背後関係を想像して怖れるらしい。

男を絶つために彫物をしたサクラは、また禁を破ってしまった。彼女より二、三歳上の不良少年あがりだ。まともな家庭に育ったということだが、何となくそれらしい感じを残していた。ヤクザとまではいかない、予備軍というべきだろう。何回か通って来て、店が終ったあと、いっしょに飲みに行ったりしているうち、ずるずるべったりの形で彼女の部屋にもぐりこんでいた。

「しょせん私という女はダメなんだ、そう思っちゃった。まともな家庭で生れたのに、何かのはずみでグレた生活におちていった。私と似かよった、彼の境遇にひかれたのかもしれないけど、また、ヤクネタを背負ってしまって」

不良少年あがりは、はじめから完全なヒモ。それまではタカリで喰っていたのが、サクラのヒモになって更生したようなものだ。しかし、その男も傷害事件を犯して、刑務所送りになる。

「なぜだか、私は彼が出て来るまで一年、待ってしまったの。心を入れかえて働いたから、半年ほどの間に百万円ずつの定期が七通もありました。それをぜんぶ彼に使われて、本当は憎いはずなのに」

彼を待っている間、サクラは病気で三カ月ほど寝こんだ。病床で思ったのは、やはり家のことだったという。

「そのときまで考えたこともなかった、完全に私は忘れていたと思ってたのに。それが無性に恋しくて。前から私がいる場所なんてなかったのだから、いまさら、そんなものあるはずがない、悲しくって泣いちゃった。不思議なのよ、あのとき家を出さえしなかったら、そんな後悔はなかった。ただ、お家《うち》そのものを思っただけです」

すでに家を離れて八年にはなっている。電車に乗ればすぐ帰ることができる距離のなかで、音信を絶ったままなのだ。

やがて男が刑務所からもどる。当然のように、ヒモと女の生活が再びはじまった。このころ千葉のトルコ街は不況だった。ドル・ショック以来、日本の経済成長率はマイナスに落ちこみ、企業の倒産があいついでいた。そんな経済情勢のあおりを喰ったのも当然だが、ほかの理由がこのトルコ街の不景気に輪をかけたのだ。暴力団の抗争で、ピストルの撃ちあいを演じたりしていた。客足が遠のくのは当り前だろう。

サクラは千葉に見きりをつけて雄琴に行くことにした。関西地方で唯一のトルコ地帯だけに、相変らず好況を続けていることが、彼女の耳にも入っていたからだ。昭和五十年、雄琴のトルコ風呂は三十軒を超えて、ほぼ現在の形を整えかけていた。最盛期だった四十八年当時の、月に十一万人も客が押し寄せ、二十二億円の金が落ちたというほどではなかったが、千葉の栄町にくらべると雲泥の差といえるのだ。

「話には聞いてたけど、びっくりしちゃった。トルコ風呂だけがポツンと団地をこしらえて。それが美しい自然の景色をこわしているわけでしょ、こんなことがあっていいのかしら、と思ったりした。でも、太陽がとっても明るい感じで気持がよかったのが気に入ったの」

千葉のおなじ店で働いたことがあるトルコ嬢の紹介で、鎌倉御殿と話がきまっていた。この店で彼女はサクラを名乗ることになった。空きのある源氏名から選んだものだが、サクラという名前は、彼女がはじめて本番のサービスをした池袋の東口のトルコ風呂の店名とおなじで、偶然とはいえ因縁とは恐ろしい。

雄琴に来て三カ月目、サクラは男と別れた。いつまでもいっしょにいては、お互い、うだつがあがらないと考えたからだ。

「職住近接というのかしら。ちろりん村は仕事場と住んでるところが同じでしょ。だからまっ昼間、村のなかでゴロゴロしてるトルコ嬢の男たちの姿を、いやというほど見るわけ。自分の男を客観的にながめるということはしなかったから、それまで感じなかったけど、無気力な怠け者で男の魅力なんて、これっぽっちもない。情けないくらいの代物よ。私の彼も、はたから見たらおなじことなんだ、そう思うといままでの生活がイヤになっちゃった」

雄琴に来て稼ぎ貯めたのを合わせて六百万円、そっくり男にくれてやった。退職金をもらい円満退社といったものだ。トルコ風呂の社会ではこれが常識になっている。話し合いだけで解消のケースはほとんどない。ヒモにとっては路頭に迷うことを意味する。だから当然というわけである。

雄琴に移って二年目、十年ぶりにサクラは東京の家に帰った。さんざん迷いぬいたあげくのことだ。義母は、ただ泣いていた。

「十年も親娘がそんな状態でいるのは、決していいことじゃない。彼がそういってくれたの。いままでの男たちになかったことです。何も考えずに、とにかく元気な顔を見せるべきだって。その言葉を聞いてうれしかった。本当に私のことを考えてくれるのだ、そう思うと、私にとって彼が最後のように感じられた」

現在のサクラの恋人だ。雄琴での生活にもなれた二年目に、めぐり逢った男性。毎月一回、大阪から彼女を指名して通って来た。すでに五十歳に近かった。堅気の商売で、奥さんとは死別したということだ。いままでに知らなかった男への想いを、彼女は抱くようになっていた。それを決定的にしたのが、父に会うことをすすめる彼の言葉だったことは間違いないだろう。

「千葉で病気をしたときから家のことを思い出すようになりました。年齢のせいかもしれない。夢見が悪いと、何かあったのじゃないかと気にかかって、家に電話をしたことが何回もあります。誰かが出ると、何もいわずに切るのだけど。家にも行ってみた。庭のところからのぞいて、それだけで安心して帰ったこともあるの。二度と、家の敷居をまたぐ機会はないだろうと、あきらめていました」

その日、彼が先に行って父と義母に会った。そして、駅のそばの喫茶店で待っていた彼女を迎えに来てくれたのだ。家を出て十年間、何をしていたかを聞かれたが、はっきり答えることはできなかった。父もそれ以上を質《ただ》すのをやめた。義姉はすでに結婚して子供までいた。世間なみの幸福に安住しているようだ。家でも興信所を使って、サクラの消息を追っていたという。

「私は安心したけど、どこで何をしてるのかわからない娘がいきなり現われて、かえって父の心配を深めた気もするの。彼に何回も、よろしくお願いしますと頭を下げていました。苦労がなさそうな義姉を見て、人生とは何だろうと考えちゃった。

彼と結婚するといったって、私にその自信があるわけじゃない。彼がいくら理解してくれたって、トルコ嬢だった烙印を、自分で消すことができるかどうか」

ようやく手ごたえのありそうな愛に出逢いながら、サクラは不安を隠せないようだ。あと一年、トルコ嬢を続けるという。いっそ、働くのをやめて、彼のところに行けばと思うこともあるそうだが……。

「もし、彼との間が駄目になったら、とそれを考えてしまうの。もう若くないのだから、出直しをする気力がないわ。お金だけが頼りじゃないかしら。悲しいけど、仕方がない。さんざん好き勝手なことをした報いよ。野たれ死にしたってしようがない道を歩いて来たのだから」

父との再会を語ったとき、彼女は涙をこぼしつづけたのに、あっけらかんとした調子で、そういい切るのだった。

ちろりん村・午後2時

午後一時を回ったころ、ようやく村は動きはじめる。

三本あるメインストリートに軒を並べた店の前は、ボーイたちが掃除をして水を打つ。ほんのすこし湿りをくれるだけで、その店はねむりから覚めたように、晴ればれした感じによみがえる。玄関先に盛り塩をしている店は、前日からのを捨てて新しく盛りなおす。型に入れて山形をこしらえた塩の白さが打ち水に映えて、よけい鮮やかだ。昔から水商売の、ことに女を扱う店で盛り塩は欠くことのできない縁起物とされている。トルコ風呂にも付き物のようだが、ちろりん村でその習慣を守っている店は案外とすくない。

ここで村の地理を説明するほうがいいだろう。三本のメインストリートのあるブロックが中核だ。いちばん南、大正寺川に沿った道が川筋通りで、そのまま真っ直ぐに行くと空地があって、先は琵琶湖の岸になる。真ん中に雄琴シャンゼリーゼ、北の道は雄琴シャンゼリゼと、それぞれ国道からの入口に、通りの名前をネオンで飾った大きなアーチが建っている。この二本の道は奥でU字形に結ばれ、実際は一本なのだ。派手やかなネオンで飾られた道の名前が気になる。シャンゼリーゼとシャンゼリゼ、横棒が一本、足りないのか余分なのか首をひねる。アーチの形がそれぞれ違う、リーゼは弧を描き、リゼは角ばって、統一された意思で作られたとは思えないのだ。なぜだろう。村の住人に聞いてもハッキリしない。村役場にあたる特殊浴場協会も首をひねるばかりだ。ある日、突然そのことに気がついたというから、のんきな話である。もともと、この道は奥でつながっていなかった。独立していた。どちら側が先か論議しても果てしがないらしいが、とにかく、その道に面したトルコ風呂が相談して、世界的に有名なパリの繁華街から無断借用して、派手なアーチを押し立てた。となれば、もう一本の道もだまってはおれない。雄琴銀座の案も出たが、あまりにも陳腐だし、この土地の過半数を占めている大阪からの客のナショナリズムを傷つけるおそれもある。といって、北新地ではパリの繁華街にくらべてスケールが小さい。

それならいっそ、おなじ名前にしてしまえ。ついては、仮名を一字だけ変えよう、というところで一件落着。しかし、この話は真偽さだかでない。注文はおなじ名前のつもりだったのに、看板屋が間違えたという説もある。案外、これが真相かもしれない。横文字の仮名書きにはよくあることだ。間違いではなく解釈の相違とでもいうべきか。しかし、仮名遣いが違っていることを、しばらくの間、だれも気がつかなかったというから、これものんきだ。無関心といえば、トルコ風呂の責任者でも、自分の店の道の名前が、リーゼであるかリゼであるか、それを知っているのはすくない。

村を縦断する国道に沿った側が村民の生活施設だ。マンション、小さいながらスーパーマーケットもある。焼肉屋、炉ばた焼き、レストラン、喫茶店、薬屋兼化粧品店、ブティック、靴屋、そして美容院、特殊浴場協会の事務所もある。ちょっと離れたところにパチンコ屋。なぜだか大人のオモチャ屋まで——。国道をへだてた村の向い側にもマンション、レストラン、札幌ラーメンともう一軒のパチンコ屋が点在する。トルコ風呂があるのは村のなかだけでない。北側のおよそ三百メートルをへだてた雄琴湾のほとりに、飛び地のように三軒、村の創成期以来の古参格が建っている。このあたりにマンションとレストラン、そして雄琴温泉で唯一の警察官派出所もある。このあたりが雄琴温泉のほぼ中心部にあたる。国道の西側、山裾のなだらかな斜面に温泉旅館が点在する。ここにも、ちろりん村の生活施設が侵略していて、マンション、レストラン、ブティック、美容院と薬屋が国道沿いの一角を占めているのだ。

村民専用のマンションはあわせて七棟、およそ三百五十世帯分の部屋がある。レストランなど飲食関係の店が十七軒、ブティックと服飾関係が四軒、薬屋と化粧品店が二軒、そしてスーパーが一軒に美容院が六軒、以上がちろりん村の生活を機能させているのだ。婦人科の病院が一軒くらいあってもよさそうだが、なぜか、それは見当らない。

午後一時を過ぎると六軒ある美容院はそれぞれ急に忙しくなる。二時までに出勤する早番のトルコ嬢たちが、あわてでやって来るからだ。この時間帯はセットの注文だけ、パーマを掛けたりシャンプーは、昼のピークを過ぎてから。手のかかる仕事はやっていられない。ほとんどが馴染みだ。美容院のほうでも彼女たちの早番、遅番のローテーションを知っている。もちろん髪型も承知だ。髪をいじってもらいながら化粧をする。

ひところ全国的にトルコ嬢の間でアップヘアーが流行した。眼尻が吊り上がるほど髪をあげて、頭のてっぺんに髷《まげ》をこしらえる、ちょっと独特な髪型だ。俗にこれをトルコ髷と呼んでいた。泡踊りのテクニックが開発されてから、どこからともなく普及し始め、トルコ嬢の専用髪型のようになった。泡踊りをするとき、髪を濡らさない必要がこのヘアースタイルを生んだらしい。

しかし二、三年前からこのトルコ髷はほとんど見られない。いかにもトルコ嬢らしく見えることが、嫌われるようになったからだ。禁止している店もある。化粧も薄目を規定するところが多い。玄人らしさを抑えるためである。普通のヘアースタイルだけに、彼女たちはしょっちゅう髪を濡らす。それに湯気に当ってセットがもたない。仕事の日は美容院に行く必要がある。

鎌倉御殿のトルコ嬢、玉緒は一時までに美容院につけるよう、京都の堀川にある4

ＬＤＫのマンションを出る。遅番の日は四時までに美容院に入る。京都に部屋を借りて以来、この五年間の習慣だ。それまでは美容院のあるマンションに住んでいた。約束してある個人タクシーが迎えに来てくれる。大津の市内を通らないで、比叡の山を越し坂本に抜けて国道一六一号に出る。雄琴温泉の北側、三軒だけトルコ風呂があるブロックの、琴という美容院だ。職場の鎌倉御殿からすこし遠いが、彼女が七年前、ちろりん村の住人になってからの馴染みである。ドアを押して大声で挨拶しながら店に入る。

「私はね、北海道の芦別育ちなんだよ」

芦別は炭鉱町だ。「だから柄が良くないのよ私は」、そういいたげである。特に朝、といっても世間なみには昼下がりだが、ちろりん村では起きぬけの時間だ。住人はみんな気分がすぐれない顔をしている。寝起きのいい玉緒だけが上機嫌だ。声もよけい大きく聞こえようというもの。美容院のなかは急に賑やかさを加える。

玉緒は髪を短目にカットして、細かいウエーブのアフロヘアーのようなのを、そうとう長い期間、好んでいた。顔立ちもそうだが、その髪型の感じが、歌手の梓みちよに彼女を似せていた。

「はじめのうちはスターに似ているといわれて、悪い気持がしなかったけど、あんまりそんなことといわれすぎると、代用品みたいな気がしちゃって面白くないじゃないの。私は私よ……」

週刊誌のトルコ記事に、雄琴の梓みちよ、と書かれたのが髪型を変えるきっかけとなった。いまは髪を長めに伸ばしかけている。

「私は私……」は玉緒が好きな言葉らしい。「ちいさいときから貧乏して、人に頼らない生活をしてたでしょ、頼れるのは自分しかなかったのだから」。

父は営林署の職員だが、飲む打つ買うの三拍子。仕事の関係で山に入ることが多くて、家にいる期間はすくない、金も持って来ない。玉緒が二歳のとき、十三歳をかしらに三人の子供を連れて、母は父と離別。物心ついてから人に話をするのが恥かしいくらいの極貧の生活。昭和二十四年生れだから、若くはないのだが、まだ当分この仕事をやっていくという。

トルコ嬢であることを「こんないい仕事はない」と、ハッキリいってのける。私が彼女にはじめて逢ったのは、トルコ嬢になって二年目、何でもあけすけにものをいうので、何と色気のない女だろう、そう思ったことを覚えている。「こんないい仕事はない――」、そのときも口にしていたが、実績の裏付けがあるからだろう。いま、ますます確信を強めているようだ。

玉緒は、現役のトルコ嬢として日本一の資産家だ。二、三千万円の定期預金や、四、五千万円ていどの不動産を持つトルコ嬢はすくなくないが、彼女は破格である。預金と不動産をあわせて一億六千万円以上、これがトルコ嬢生活六年の成果である。北海道の余市と札幌に約五千坪の土地と、家を札幌に買った。不動産の評価額が一億二千万円。そして定期預金は約四千万円。ほかに貴金属と宝石も相当額もっている。

「貧乏のどん底の生活をしたから、必死になって金を貯めたというだけじゃないな、私の場合は。まともに稼ぐだけだったら、まともな金しか使えない。いってみれば私のお金は悪銭よ。股をおっぴろげて、やらして稼いでるのだから。だけど、年をとってから後悔はしたくないもの」

そういいながら、彼女は顔をくもらせる。

「まだトルコ嬢になる前、札幌にいたとき、生れてはじめて幸福をつかみかけた。夢みたいなものだけど、もう、あんな楽しいことって私にはないと思う」

自虐を含んだ微笑を見せた。それは、気負いが消えて、やさしい女のものに変っていた。

いま、食べられることだけでも、そのころにくらべると夢のようだ、という玉緒の思い出は幼い時の餓えからはじまる。小学校にあがるまで芦別にいた。家庭をまったくかえりみない父と母が離別したあと口べらしのため彼女は二回も養女にやられるが、すぐ帰された。

「生れたときから体が温まったことなんかないもの。膀胱がいかれちゃってるから、ひと晩に二回も三回も寝小便をやっちゃう。相手の家が愛想つかすの当り前よ」

母は姉を連れて札幌に出稼ぎに行っていた。長屋に残されていたのは、三歳上の兄と彼女だけ。二人とも、まだ小学校に入学の適齢に達していなかった。別れた父は、毎月、子供たちの養育費を送る約束だったが、それもない。雑品払い、つまりバタ屋のことだが、兄が六歳、玉緒が三歳のとき、空瓶を集め、道に落ちている釘を拾い、ボタ山から燃えそうな石炭を運ぶ。ついでに野菜の切れっぱしや、魚のアラをもらって来る。イモを入れ雑炊にして食べる。米のメシなんて食べたことなかった。おいしい物を食べたいと考えた覚えがない。そもそも、そんなものにありついたことがまったくなかった。風呂に入った記憶もない。

「本当に乞食の子みたいだったと思うの。手や脚が痒《かゆ》くてこすると、垢《あか》がはがれるみたいにボロボロ落ちる……。そのくせ、近所の人が見るに見かねて、世話をしてくれようとするけど、それが嫌で逃げ回るの。子供心に、同情が耐えられなかったのか、それともひねくれていたのか。そのころの私は何を考えて生きようとしていたのかしら、思い出すと自分のことだけど可哀そうで」

玉緒は膝の上で組み合わせた手の指に力をこめている。よく手入れした赤いマニキュアの指に、二カラットはあるだろう、大粒のダイヤモンドがまばゆい。そして、小粒のダイヤをちりばめたプラチナ側の時計が、これも燦然《さんぜん》と手首を飾っている。

どうやら人なみの生活に入ったのは、札幌に行った母に引きとられてからだ。会社の従業員寮の賄《まかな》いにやとわれていた。食物を扱う仕事だから、子供たちにひもじい思いをさせないですむ。そう考えて選んだらしい。玉緒は札幌で小学校に入った。

「家庭の躾《しつけ》なんかなかったでしょ、男だか女だかわからない。言葉や行動が乱暴で、男の子をすぐひっぱたいちゃう。みんなに山女と呼ばれていたくらい。でも、毎日がとっても楽しかった。友達ができたからよ。だって芦別のときは誰も相手にしてくれなかったのだから」

母子家庭の保護をうけていたが、中学、高校と順調な生活だった。そして高校は大阪の富田林にある私立高校に入学。中学に進んでどういうわけか勉強が好きになり、高校を出たほうが就職に有利だと考えてのことだった。それに学費がいらないことが魅力だった。そのかわりにゴルフのキャデーをやらされるのだが、スポーツ好きの彼女にとって、それはかえって楽しいひとときであった。彼女はごく当り前の娘に成長したようである。

高校を卒業して札幌に帰った玉緒は、三越デパートに就職した。紳士用品の売場に回される。姉はすでに嫁ぎ、兄はタクシー会社に勤め、労組の委員長。もう働く必要がなくなった母は、肩の荷をおろして、しあわせにひたっているようだった。

初体験は高校を卒業した年だ。中学の同級生が相手だった。

「好きな男の子じゃなかったけど、コンパに行ってお酒を飲んだはずみよ。だれでもやることだからと思って、何となく抱かれちゃった。本当は耳学問で、どんなにいいものかすこし期待したけど、何だ、つまらない、そう思っちゃった。考えてみたら相手も私とおなじ歳だもの、上手なはずはないよ。それに、その時のことを思い出してみると、彼は短小の早漏だった気がする。大切なものを無くしたなんて思わなかった」

玉緒は、いかにもそのころがなつかしそうにいう。初体験が感動的でなかったせいか、彼女のいう、決定的な恋人があらわれるまで、キレイな体のままでいたとも話す。

「いま考えてみても信じられないくらい。だって、こんないいコト、年ごろだというのに四年も五年も、知らないままなんて、私としたことが変じゃないの」

ちろりん村が開村した日も玉緒は、デパートのネクタイ売場で、客に柄を見立ててやっていた。まだ男性には、おぼろげな関心を寄せるていどだった。

そんな彼女が薄野《すすきの》のクラブで、アルバイトのホステスになった。客にプレゼントするネクタイを買いに来る、クラブのママにすすめられたからだ。

「あんたはすこし磨くと、見違えるほど美人になる。このままではもったいない、そんなことといわれたの。私だって女だもの、心が動くわよ。クラブの雰囲気につかったら洗練されるかと思って……。結局、調子のいい言葉でスカウトされたわけ」

昼間はデパートの売場に立って、夜はクラブでバイト。決定的な恋人にめぐり逢ったのは、その四日目だ。

「いまでも考えることがあるの。もし、ホステスになってなかったら、トルコ嬢をしているかどうか。でも、それが宿命としたら、いまさらだれもうらむことないじゃないの」

恋人は喫茶店を経営していた。大学時代はスキーの選手だったとかで、均整がとれて、ガッシリした体つきだ。「ひと目惚れって、こんなことをいうのかしら。三人で飲みに来たのだけど、彼に吸い寄せられるみたいだった。ホステスになって四日目だし、ネクタイを売るとき以外は、あまり男の人と口をきくことがなかったから。すこし離れたところに座って、胸をドキドキさせていた。純情だったんだよ、私も」。

二日おいて、また彼が店に来た。こんどは玉緒を名指しで呼んでいる。「うれしかったけど恥かしくて口がきけなかった。彼も照れていたみたい」。それから何回か店に来てくれて、食事に誘われる。そして中の島のホテルに――。このあたり、ホステスと客との定石である。「彼が結婚しようといってくれたの。はじめて逢って一カ月目だった。三十歳を過ぎてたけどまだ独身なの。彼も、ひと目で私が好きになったといってくれた。結婚なんて、考えてなかったから、よけいうれしかった」。

そして、結婚を前提にした同棲生活に入る。「女の体って面白いわね。彼にはじめて抱かれたとき、頭から枕を外して、どんどん上のほうに行っちゃうくらい、痛くてたまらなかったの。何年も前に初体験したときはそんなことなかったのに。ところが、死ぬくらい痛かったけど、彼が愛していてくれるんだって、そんな気持が強くなるのだから」。

以来、六カ月間、彼女にとってはバラ色の人生だった。「世の中で自分だけ幸福な気がして……。ときどき、こんなに幸福でいいのかしらと、不安な気持になったりして、彼の胸に顔を埋めて泣いたこともあるわ。予感じゃなかったと思うけど、やっぱり、そうだったのかしら」。突然の死だった。彼女を店まで迎えに来て、一緒に道を歩いているとき心筋梗塞で倒れたのだ。八月二十四日、いまでもこの日、彼女は店を休む。一日、部屋に閉じこもっているそうだ。

「四十九日の間、骨壺を抱いて泣いてた。涙がかれるっていうけど、四十九日くらいじゃかれなかったわよ。籍を入れてなかったから、お骨は彼の両親が持って行った。そのあとが淋しくて、また泣いてばかりいたの」

クラブでアルバイトを始めるとき、支度金の名目で六十万円もらった。一年間は店をやめない条件だ。彼と同棲してデパートを退職、ホステス専門になった。支度金を返せば義務も消えるのだが、ママに懇望されたからだ。彼女は、またホステス稼業にもどった。華やいだ雰囲気と酒が、悲しさを忘れさせているようにみえた。

「彼を死なせたあと何を考えるのもイヤ、生きるのもイヤという有様がしばらく続いた。お店に出て酒をくらって、チャカチャカやることで、ようやくその日を送ってたみたい。生者必滅というでしょ、どうしてかわからないけど、そんな言葉を思い出して、人生のはかなさを深刻に考えたりもした。いまだからいえることだけど、頼りになるのはお金だけ、そんな気持が潜在するようになったと思う」

そのくせ、ママの仲介で客とホテルに行って逃げ出したり、あるときは妾になれと口説かれたが、首を縦にふらなかった。

「男に抱かれるのがイヤだった、ただそれだけなの」

そんな彼女がトルコ嬢に発意したのは、客からトルコ風呂の話を聞いてからだ。いっさいの束縛はないし、心掛け次第では、いくらでも金が残るといった客は、札幌まで遊びに来ていた横浜のトルコ風呂経営者だった。

「結婚なんか、まったく考えられなかったし、女ひとりで生きて行く決心していたの。そのためには、まずお金を貯めなければと考えた。そのお客の話を聞いたとき、魅力的だと感じたのは、計画性さえしっかり持てば、短期間に莫大なお金を残すことができることだった。彼が死んだとき、死にたいと思ったくらいだから、死んだつもりでやってみても損はないだろう、そう考えたの」

トルコ風呂の経営者は派手に遊ぶ。儲かるからだろうが、高級なクラブを飲み歩く。旅の途中で、その店に二度と行くかどうかわからなくても、高級なスコッチかブランデーを、瓶ごと持って来させる。服装も持ち物も最高級品。ホステスたちは、何者だろうと不思議に思うが、すぐにその謎はとける。彼らは身分を隠さないどころか、公表したがるのだ。そして、さり気なく、いかに儲けになる商売であるかを聞かせる。

トルコ風呂の内幕は酒の席でうってつけだし、ホステスにとっても興味ぶかい話題だ。彼らは遊ぶと見せかけながら、トルコ嬢スカウトの予備行為をしていると見ていいだろう。ホステスたちにトルコ風呂の啓蒙活動というわけだ。そして、触発されることだってすくなくない。玉緒もまさにその通りだった。

つとめ先は、地元薄野のトルコ風呂だった。はじめにクラブがそうであったように、クラブが終ってからトルコ嬢に、つまり二足の草鞋《わらじ》だ。

「何をする場所か知ってたわよ。決心なんて、そんなものなかった。クラブの客とは寝なかったのにね。そこが大きな矛盾だけど、本当にそうなんだから仕方がない。ただどんな客につかされるか心配になった。テクニックなんて知らないわよ。マネージャーがお客に、バイトの娘ですから、なんて断ってたから、相手も納得してたみたい。その日、明け方の三時までに四人の客がついて、三万二千円になった。この分だったら、二百万円や三百万円くらい貯めるの簡単だと思った」

死んだ恋人への貞節は、いったいどこに消えたのだろうか。

「そのくせ、アパートに帰ったとき、トルコ風呂で稼いだ金を彼の写真にぶん投げちゃった。あんたが死んだからよ……。そんなことをいって、しばらく泣いてた。経済的に困ってそうしたわけじゃないのだから、彼に当るのは理屈にあわないと思うけど。とにかく、私を残していった彼に腹が立ってしようがなかった。私がトルコ嬢になったことと彼の死と、どこで結びつくか考えても私にはわからないの。ただ、お金に困った人がみんなトルコ嬢になるわけじゃないし、深い理由がなくてもなっちゃうのだから。私もそうだけど、先天的なものがあるのかもしれないわね」

彼女は自分を先天性トルコ嬢と解釈したようだが、それに近いと思われるケースは意外に多い。ホステス、芸者のような水商売の経験を持たないトルコ嬢が、最近、特に目立って増加の傾向だ。OL、店員、美容師と准看護婦など、前職もさまざまで、しかも、彼女たちがトルコ嬢になる動機に、かたちで現わされる必然性がほとんど見当らない。からだを代償にするのだから、それ相応の理由があると考えるのが普通だが、高収入を得たいからというだけだ。強いて必然を求めるとすれば、先天性としかいいようがないだろう。ちろりん村の鎌倉御殿、VIP、プレーボーイの三店、七十七名のトルコ嬢について、その前職の調査をしたことがある。他のトルコ地帯から移って来た者を含め、トルコ嬢になる直前の職業。入店のとき提出する履歴書によるものだが、ほぼ、正直に記入してあるはずと店側は見ている。OL、デパート店員、美容師など、いわゆる堅気だったのが四十五名で五十八パーセント強。水商売からの転向は二十三名、三十パーセントにしかすぎなかった。その他はウエイトレス、家事手伝いなどだが、この家事手伝いのなかには主婦が含まれているという。

そして全員が高収入を得るのが目的。借金返済、家族の病気など止むにやまれぬ理由は、七十七名のうちわずか十六名、約二十パーセントだ。これらの数字は地域差と、トルコ嬢の新陳代謝の状況に多少は左右されるが、ほぼ全国的な傾向と見ていいだろう。

「それでも三日くらい考えたかな、トルコ嬢になってしまうことを。アルバイトだろうが本職だろうが、仕事の中身はおなじなんだから。だったら、本気になって稼ぐべきだ、そう思った。本職じゃありませんというほうが、世間と自分に弁解できるかもしれないけど、そんな格好つけたってしようがないよ。どうせ、股をおっぴろげるんだろ、トルコ嬢はどう転んだってトルコ嬢なんだから……。中途半端は結局、損をする。これが結論よ」

といっても、地元の札幌で本職になることは気がひけた。本職として転身した先は噂に聞いていた雄琴に来たというのも、高校時代の三年間を関西で生活した、土地の親しみが何となく、ということのようだ。母親をゴマ化して家を出た。「ちょっと旅行にといっただけ。行ってしまうじゃ、説明が面倒になるからよ。あとで手紙に書けばいい」と思って、京都でホステスということにしてある。

雄琴は景気もよかったが、当時、全国的にサービス内容の高度なことで知られている。現在もその名残りを留めているものの、発展の過渡期だけに、テクニック競争の有様だった。

「アルバイトしていたトルコの経営者や女の子たちから、そんな情報を聞いていたし、雄琴がえりのお客さんは、札幌のテクニックは後進的すぎる、なんてくさすし、そうとうすごい仕事をやらされることは、私も覚悟してた。でもね、本職になるのだったら、そんな土地で揉《も》まれるほうがいいと思ったし」

伝統的に、札幌のトルコ風呂のサービス技術は後進的だ。発展途上かどうかは別として、おなじ泡踊りでも、川崎や雄琴などの場合、複雑なバリエーションを加えるのに、ほとんどの場合それが半分ていどに抑えられている。もっとも、比較的に料金が安く、単位時間が二十分くらい短いからでもあるのだ。浴室の設備、ステュアデス・トルコ、病院トルコといったアイデアのユニークさとは対照的だ。この点、福岡の中洲と同様だ。このふたつのトルコ地帯に共通するのは、トルコ嬢に地元出身者が多いこと。よそは寄り合い所帯、小さなトルコ街でも全国から網羅の観がある。札幌はトルコ嬢の九十パーセント以上が、いわゆる道産娘。理由はさておくとして、他の地帯とトルコ嬢の交流がすくない。

たとえばちろりん村。ここには千葉、川崎、横浜あたりの先進地帯から、ベテランの業者がベテランのトルコ嬢を引き連れて乗りこんでいる。そのため、各地、お家流のテクニックが渾然一体となって全国一といわれる先進地帯にのしあがったのだ。ところが札幌と福岡は、全国的な水準を下回る低料金地帯だ。だからよそからのトルコ嬢の流入がすくなくて、新技術の移入に影響、後進性を招くわけだ。要するにテクニックの進歩は、トルコ嬢のジプシー性に大きく左右されると見ていいだろう。交流は少ないが、出稼ぎが多い。この点、福岡も同じ。いちおう下地だけ地元でつけたうえ、よそに進出する。その点、トルコ嬢養成地帯といえそうだ。したがって各トルコ地帯とも、北海道と九州出身のトルコ嬢が圧倒的な数を占めている。北海道出身のトルコ嬢は仕事に熱心なことと、ハードな労働に耐える。「粗雑なところはあるが、忍耐力と粘りのある体力がうってつけ」とは、トルコ風呂経営者の話だが、その点、道産馬に似たところもあるとか。

「そうかもしれないけど、北海道の人間は大陸的で、どんなことにでも、あまりこだわらない。トルコ嬢だったら、何時までもイジイジしないで徹しちゃう。それに、北海道の女はセックスに解放的なところがあるし、よけいピッタシじゃないかしら。北海道が貧しいのも理由ね。だから、内地に出稼ぎに来てガンバルのよ。私なんか、そのどれにも当てはまるサンプルみたいなものだわ」

私が知っているかぎり、彼女の説は当っているようだ。義務を遂行するのではなく、自分もエンジョイしながら、という道産娘トルコ嬢を全国のトルコ地帯でよく見かける。趣味と実益を兼ねるとでもいおうか。

「女は子宮でモノを考えるというでしょ。考えるだけじゃないのよ、私は。子宮にブチ当った感触に生きることをきめたのだから、雄琴みたいな激戦地のほうが、やり甲斐があるだろうと思ったの」

昭和四十八年夏、雄琴は好況の絶頂、鎌倉御殿の開店三カ月目、彼女は張り切って乗りこんだが……。

「先輩の姐さんトルコ嬢から仕事の中身を聞いて、想像してた以上なのでびっくり。ふつう噂というものは実際よりオーバーなはずよ。それがまったく反対なのだから。札幌で聞いた話だけでも驚いたのに、そんな生易しいものじゃなかった」

雄琴はトルコ文化の集大成が見られるというが、各先進地帯のテクニックを集め、それを熟成させただけあって、これでもかこれでもか、と客を攻めたてるのだ。泡踊りはエアーマットの上ではもちろん、椅子を使用する椅子洗い、立ったまま行う立ち洗いの三段構え。そのうえ、フルートの回数は他のトルコ地帯の倍に加えて、本格と疑似とあわせ三回以上の本番がレギュラーの仕事。

「とにかく人間技とは思えないことをして、お客を攻め続けるの。恥かしいとか体裁とかまともな気持があったらできないわよ。そのくせ、女らしい優しさと客をいたわる心を忘れるな、なんて、まるっきり反対の注文もされたのだから、私に出来るかどうか考えちゃった」

もっとも、このとき先輩の姐さんトルコ嬢は、雄琴流サービスはこうあるべきだと、理想のパターンを説明しただけ。彼女たち自身、いつもそんな完璧さでもって客と接するはずがない。要領よく手抜きサービスを心掛ける。そうでなければ永続きしないだろう。

「内輪の話はあとでわかったこと。だけど、はじめはショックだった。アルバイトですこしやっただけなのに、売り込みは一人前の顔をしてたのだから。でも、店のほうはタカをくってたはずよ。しょせんテクニック後進の札幌出身なんだもの。むこうで一人前でも、雄琴では半人前以下なのよ」

泡踊りひとつとっても川崎流、横浜流、そして千葉流と、トルコ・テクニック先進地帯、それぞれのお家流が渾然として創り上げられたのが雄琴流泡踊りだけに、札幌のバイト・トルコ嬢の玉緒が驚嘆しても当然。

はじめて泡踊りが考案されたころ、エアーマットの上に寝た客の体に石鹸の泡を盛り、トルコ嬢がかぶさって全身で撫でこするといった、単純なものだった。それでも前代未聞のセックス・サービスだと、驚異をもって迎えられている。

ところが、その原型を導入した各トルコ地帯は、いち早く、バリエーションを加え、お家流泡踊りを完成させた。たとえば千葉流は、客の脚のほうからＹの字を逆に組み合わすように、トルコ嬢が下肢を滑りこませる。くぐり洗いと呼ばれる技法を、コースの途中に加えるものだ。

くぐりついでに、アウンの呼吸でファックさせるのが、くぐりツボの技法で、おなじお家流でも高度なテクニックを要するため、ベテランだけのマル秘技といわれている。この変化技は、千葉・栄町のトルコ風呂石亭が始祖と伝えられ、各地方のお家流にもそれぞれ宗家があるというのは愉快だ。

そして、川崎流は、泡踊りの最中、どのように体の向きと、その位置を変えるときも、絶対に肌の密着を中断させずに行うもの。いうならば、くっついたまま体を反転させるのだ。そのとき、客の男性は彼女の掌に包まれたままが条件だ。王朝がその宗家といわれる。

横浜流は福富町の鎌倉御殿が宗家。横洗いと呼ばれる変化技は、水泳のブレストに似たスタイルで客の体の脇に取りつき、主にヘアーブラシをフル回転して泡踊りをする。そして吉原流は、立って抱き合ったままの姿勢で泡踊りをする立洗いと、浴室用の腰掛けを応用した椅子洗いのふたつ。吾妻がその宗家とされる。以上いずれも、各トルコ地帯が目玉商品にしていたのを、一挙大公開が雄琴流だ。先進トルコ地帯から業者とベテランのトルコ嬢が、大挙して乗り込んだおかげといえる。

そのほかにベッドマナーと名付けられた、トルコ嬢が舌を用いてくりひろげる、前戯的な愛撫テクニックに、彼女たちが独自に考え出した、マル秘テクニックと称する、特別サービスを加える。マル秘とは、いささか羊頭狗肉の印象を与えるが、個人技だからマル秘といえなくもないだろう。まさに息もつかせぬ、肉薄攻撃だ。

「まるでセックスマシンよ。だけど、人がやってて私にできないはずがない。とにかく、ふつうでは考えられない大金を稼ぐのだから、嫌だとか、できないとか考えるのがおかしいのよ。そう思ったら根性がすわってくるみたいだった」

玉緒がちろりん村でまず気がついたのは、ヒモが多いことだ。自分の女を店に送り出したあと、村の喫茶店でトグロを巻いたり、寄り合って麻雀もする。なかには覚醒剤の中毒患者もすくなくない。ブラブラ遊びくらしているのだ。それが目立つのは職住近接のせいだが、札幌では見られない光景だった。これも彼女の戒めになった。

「絶対にオトコをこしらえないと決めた。自分が体を張って金を稼いで、一所懸命に生きようとしてるのに、何で、チンポをくっつけた男を養うのか不思議よ。セックスの満足が欲しかったら、お客さんので間に合わしておけばいい。惚れてなければなんて、こんな商売やっててぜいたくじゃないかしら」

彼女はこの決意を守りとおした。トルコ嬢歴七年、まだ男に貢いだことがない。過去にしろ現在にしろ、男に貢ぐ経験をもたないトルコ嬢は、まったく珍しい存在といえる。しかし、そんな玉緒にも危機はあった。

「はじめのうちは理想――こんないいかたは変かな。私にとってはやっぱり理想よ――それに燃えてたから、ワキ目もふらなかったけど、生活に慣れて落ち着いてくると、どこか物足りない感じになってくるの。要するに淋しいのよ。仲間のトルコ嬢がロクでなしの男を大切にするのもわかる気がした。私も、自分の地をぶっつけられるような相手が欲しい、そんな気持になりかけたこともあったわ。だけど定期預金の証書を見ると、モヤモヤが消えちゃった。これが減るかも知れないと考えたら、もったいなくて」

チンピラに追い回されたこともある。ヒモになる下心があるからだ。彼女がヒモなしでガッチリ貯めているのはすでに調査ずみ。飲みに行こうとしつこく誘われたが、断り続けた。付き合ったら最後、ガッチリ抑えこまれることは、周りの実例でよく知っている。そのチンピラはついに実力行使に出た。マンションの前に張り込んで、姿をあらわした彼女を白い大型外車に引っぱりこもうとする。通りかかったタクシーで逃げたのだが、半日京都の市内を追い回されたという話は、しばらくの間、雄琴のタクシー運転手たちに評判だった。

「いうことを聞かないものだから、簀巻《すま》きにして琵琶湖に放りこんでやるって、おどされたこともあるわ。命より大切なお金を守るためだもの、クソ度胸がついて恐ろしくなかった。『体はくれてやってもいいけど、好きでもないお前のいいなりになるものか』。啖呵《たんか》をきったら、しらけた顔をして行っちゃった。堅気の人にはわかりにくい台詞かもしれないけど、よく考えて理解してよ」

そんな玉緒が恋をしたのだ。相手はヒモになるような男ではなかったが、結局は実らずに終っている。彼女が自分から身をひいたのだ。雄琴の地主の息子だった。

「私が惚れちゃったのよ。ちょっとした機会で知りあったのだけど、仕掛けたのも私のほうなの。相手がこちらほどの熱があったかどうか、のぼせちゃってるからわからなかった。夢中だったわ。結婚したかったのよ。トルコ嬢をやめたら夫婦になれるかもしれない、気がついたらそんなこと本気で考えていた。だけど、相手は私がトルコの女だということを知ってるし、堅気でしょ、割り切れるはずないじゃない。それに家族は雄琴だし。トルコ嬢になってはじめてよ、自分の商売を情けないと思ったのは。結局、二年間も、別れるのはいつだろうと考えながら付き合っちゃった。ますます苦しくなっていくと思いながら……。バカみたいね」

淡々と悲恋物語を話したが、最後の、バカみたいね、とつぶやいた言葉の響きに、彼女の苦渋と哀愁と、そして自嘲がごっちゃに混じりあっているようだった。このことがあって、玉緒の、男に惚れない決心は、ますます堅くなったらしい。

ちろりん村の住人になって三年目に入ったとき、三千六百万円の貯金ができていた。丸二年だから、一年に千八百万円も残したことになる。収入の三分の二は貯金ときめていたから、毎月、二百万円以上は稼いだことになる。その当時、好況だった雄琴でも彼女の収入は群を抜いている。これは店の営業方針によるところも大きい。客の気分にまかせた、時間無制限の遊びをさせる。もちろん料金も高くなるが、そんなことに構わない客が彼女の店に多かったのだ。

「いちおうサービス料は決められていたけど、お客さんが気分でチップをくれるのです。五万円のときもあるし、十万円くれる人だっている。三時間も四時間も、あればかりしてるわけないでしょ。クラブのホステスと遊ぶ雰囲気を出すの。そのために話題も必要だし、服装なんかでゴージャスな感じを持たせなくちゃ。だから、この店に制服なんかないの。私服よ、自分に似合うドレスをブティックから買って来て、私は山本寛斎が好きだけど、君島一郎やサン・ローランが好きという人もいる。高級クラブ調のトルコ風呂とでもいうのかしら、やらせるばかりが仕事じゃないのよ。いろんな勉強ができたし、その点、お店には感謝してるの」

この店の社長はトルコ嬢たちに、客が要求するのは技術的なものだけではないことを、常にいい聞かせているという。それ以外の何か、例えば雰囲気、トルコ嬢がつくりだすものが、技術を売る以上に大きな代価を生むことを教えるのだ。

お大尽遊びをさせる特殊なトルコ風呂ということになるが、雄琴でこの種の客はすくなくない。英国屋、ニュー館、ダイヤモンドクラブ、マキシム、私苑特別室、大使館、皇帝別館、プレーボーイ、ゴールドクイーンといった、高級に属したトルコ風呂でも、お大尽遊びは珍しくない。場所柄もあって、どこの何者か、客の正体はわからないが、銀行ギャングの種類ではなさそうだ。定期的な馴染みの客がほとんどである。玉緒の客に「大阪のおとうさん」と仇名された、初老の紳士がいる。彼女もその正体を知らない。週に三、四回はかならず、日本には何台としかない、ヨーロッパの車を運転してちろりん村に通って来る。大阪ナンバーだ。その日によって店が変わる。

鎌倉御殿、英国屋、ダイヤモンドクラブのどれかに車を停める。きまって昼の間である。指名のトルコ嬢のほかに、手のすいた娘を呼び集めて三、四時間遊び続けるのだが、チップをはずむので一回の遊び代が三十万円から五十万円にもなる。もう何年もそれが続いているそうだ。

「三年くらいになるかしら、私が指名されるようになって。名前を知らないから、おとうさんと呼んでるけど、上品でおっとりした紳士よ。セックスはしないから、お風呂に入らないことだってある。上衣くらいは脱ぐけど、ズボンをとらないときもあるくらい。話題といったってそれほど続かないから、私が勝手にしゃべってるのを、ニコニコ笑いながら、楽しそうに眺めてるだけよ。最初は気味の悪いお客さんだと思ったけど」

貸ビルを何軒も持っている御隠居さんじゃなかろうか、というのが村の住人たちの想像だ。

「大阪のおとうさん」のようなケースは例外のようだが、トルコ風呂でのお大尽遊びは雄琴に独特といえる。関東のトルコ地帯であまり聞かない。しかも、ほとんどが大阪の客だ。大阪人の遊びに対する意識のせいだ、とはあるトルコ風呂経営者の意見である。どうせ遊ぶのだったら、ケチをしないでパッとやるべきだ。そのほうが実利と合理の精神にかなった、効果的な遊びができるというものらしい。

これはキャバレー遊びにも共通している。できるだけ多くホステスを指名して、にぎやかにやるのが一般的だ。関東の人間が大阪のキャバレーに行ったとする。ホステスの指名をつけないか、指名しても一人か二人ていど。席についたホステスに指名が重なって、他の客のところに行ってしまうと、一人淋しくビールを飲む破目におちいる。指名をケチるからだ。大阪人はそれを承知しているから、できるだけ多くのホステスを呼んでおく。どうせ遊ぶのだったら、の意識がそうさせる。関東の客は、指名料ばかりかさんでバカらしいと思う。大阪人は「あんたらも商売や、よその席で稼いでや」と、そんなおおらかさも、遊びの計算に入っているらしい。「阿呆になるのんが遊びやおまへんか」である。

大阪人の遊びの精神が、雄琴トルコの繁栄の一部を招いたといえるだろう。平均的な料金は他のトルコ地帯にくらべて高い。しかも三万円以上の店が十五軒あり、そのうち十軒は三万五千円以上。世をあげて慢性不況、雄琴もひところの活況はなくなったが、料金の高い店ほど景気のおちこみが目立たない。「どうせ遊ぶなら」のおかげだという。

「本当に欲が出たのは、三千六百万円貯めたときかな。漠然とお金を残すようにしてたけど、もっと有利な増やしかたがないかを考えた。仕事をしてるのだから貯まる一方なんだけど、それじゃ物足りないのよ。人間、小金が出来ると欲が出るって、本当ね。お金で残したって価値が下がるばかりでしょ、土地を買うことにした。はじめに全財産の三千六百万円、あとからまた買い足したの。実際に投資したのは七千万円くらいかしら。この地球上の一部が自分の物だと思うと、とってもいい気持よ」

トルコ嬢で働いているかぎり、蓄財にはげむ決意のようだが、ケチをして金を貯めている感じはない。宝石や貴金属は蓄財の一部と見ても、着ているものに金を掛け、ぜいたくをしている。一人住いなのに４ＬＤＫ、家賃十四万円のマンション住いだ。仲間同士のつきあいもおろそかにしない。後輩の面倒見もいい。高級ブティックで買ったドレスを、惜し気もなくくれてやるし、彼女たちを引き連れてよく飲みに行く。

「こんな仕事してるのだもの、しみったれた生活をしたら気が変になる。それに、商売にも影響するわよ、雰囲気にパッとした華やかさがなくなるから、お客さんだって楽しくないよ。私は無駄使いはしないだけ。ケチってるのじゃないな。家にいるときはちゃんと自炊して食べてるし、お新香だって自分で漬けてる。始末してるの、ケチとは意味が違うでしょ。それにお料理つくるの好きなんだ。店屋物ばっかり食べてる女を見ると、何が楽しみで生きてるのか不思議になっちゃう。月に六、七十万円も生活費かけるのだから、やりかた次第でいくらでもお金が生きてくるわよ」

玉緒はいかにも楽しそうに、自分の得意な料理のつくりかたをいろいろと並べて聞かすのだった。

はじめて土地を買ったつぎの年、彼女の母は胃ガンで亡くなった。そのころは娘の仕送りで楽隠居の身分だった。

「ときどき母の顔を見に札幌まで帰ったけど、そのたんびに、いい娘をもってしあわせだと喜んでくれました。おそらく、私がどんな仕事をしてるか、知らなかったはずです。本当のことをいうのが親孝行と限らないでしょ。子供のときには苦労させられたけど、母だって必死に生きようとしてたのだから、私はいままで恨んだことなんかない。しあわせだと喜びながら死んでくれて、私、本当によかったと思う」

彼女は、物心ついて別れたままの父親を訪ねたことがある。二十年以上も消息が絶えているだけに、探し当てるまで苦労した。札幌市の施設に収容されているのをようやくのことでつきとめた。工事現場の日雇人夫をしながら惨めな生活を送っていたという。

「顔なんか覚えてなかった。いまは縁もゆかりもなくなったんだけど、逢ってみたいと思ったからなの。さんざん探し回ってあんまりひどい生活をしてたので、逢うのじゃなかった、そう思って後悔しちゃった。まともな生活だったら、恨みごとを並べたかもしれないけど」

縁もゆかりもなくなった人、といいながら、盆暮にはあるていどまとまった金を送っているようだ。父だからというのではなく気の毒な老人だからよ、と玉緒は唇をきつくかんだ。

「こんな仕事をしながらいったい何が楽しみで――、そんなことを考えることもあるけど、お金を残すこともそうだが、こうして生きている現実は、やはり素晴しいと思うの。たしかに私がやってるのは売春といわれるかもしれないけれど、機械的にやらせるというだけじゃない、ちょっと違う意味があると思うの。性欲の処理のほかに何かを求められて、それを与えるのが仕事じゃないかしら。頭があんまり良くないから、思ってることの半分もいえないけど、何といったらいいか」

もどかしそうに言葉を探しているようだったが、自分たちの行為を、ただ単に売春という言葉できめつけてほしくないと、それを伝えたかったらしい。これは自分のしていることを正当化したくて、ともとられるのだが、ほかのトルコ嬢たちも売春の字句に、おなじかたちの拒否反応を示すのだ。玉緒は勢いこんで口を開いた。ようやく言葉を見つけたというように――。

「そうよ、おなじヤラせるのでも、義務的かそうでないかの違いよ。お金をもらうから義務はあるけど、無理してやってるのじゃないもの。お客さんだって、トルコ嬢が義務的でないから来るのだと思うの。イメージが違うでしょ、売春とは！」

性欲だけでない、ほかの何かを満たしたいから客が来てくれる。孤独や苦しさや、そのほかいろいろ……。

「詭弁かもしれないけど、そう思って一所懸命やったほうがいいんじゃない。だって、トルコ嬢が私の商売だし人生なんだから。まわりがどんなことといったって、人生は人が左右するものじゃないでしょ。いまさらそれを変えろといったって無理だわ、自分が決めることよ、そう思わない？」

開き直りではない。玉緒はそうつけ加えるのだが、たしかに気負った感じはしない。むしろ言葉を反芻《はんすう》するような、静かな口調だ。が、すぐ持ち前のチャキチャキした彼女にもどった。

「お客さんをそのつもりで観察すると面白いわよ。世間的に偉そうにしてる人ほど、こんな場所に来ると、精いっぱい自分をさらけ出すみたい。その点、普通の人は、さらけ出しかたにも遠慮があるように見える。大学の先生だけど、私の前ではブタになりきろうとするの。床の上をはいつくばって歩いたり、私の足をなめ回すの。ブタのクセに人間の足をなめやがって、そういって蹴とばすと喜んでくれる。こんな身分の人が、そう思うと気の毒になるけど、私がトルコ嬢だから安心して、自分をさらけ出すことができるのじゃないかしら」

彼女は、日ごろ建前だけで生きようとしているような職業、学校の先生をはじめ、役人たちほどアブノーマルな欲があるように見える、というのだ。そして他の娘たちも、異口同音にいうのである。「タテマエで無理してるから、反動でそうなるのじゃないかしら。それに男は、チンチンの大小だけでなく、誰でもセックスのコンプレックスを持ってる。どこか他人と比較して劣ってるはずだって、勝手に決めてるのよ。どんな偉そうにしててもおなじね。決してそんなことないって私がいってあげると、いちおう安心するみたい。だから男ってかわいいんだ。やさしくしてあげたい、本当にそう思うんだな」。

玉緒にはこんな客もいる。彼女が億万長者であることを週刊誌で読み、わざわざ静岡から車を走らせてきたそうだ。

「立身出世した人で、いまでは相当な会社を経営しているといってたわ。私の子供のころからの話をして、どんなにしてお金を貯めたか。その間、いろいろ嫌なことをガマンしながら働いた話なんか、そのお客さんは、いちいちうなずきながら聞いてた。

そして、君も苦労したんだな、そういうと私の手を握ってオイオイ泣き出すの。人間、ハダカから出発して相応になるまでには、人にいえない苦労があるものだ。そういって……」

その客は、人にいえない苦労を彼女には打ち明けたそうだが、

「どこかで私に共通点を見つけ出して、安心してブチまけることができたらしいの。いままで自分の胸にだけしまっていても、そのはけ口を探してたのでしょうね」

いままで、ほとんど過去をふりかえることがなかった玉緒だが、このごろになって一日を大切に思うようになった。「仏心が出て来たのじゃないかしら」。私はそれをどう解釈すべきか考えてみた。玉緒の自分自身へのいたわり、と思えてきたのだが……。

ちろりん村・受難

「社長が全責任をとるのは当り前や。そのかわり、だれよりも儲けさしてもらうのは私だ」

山田忠幸、昭和二十年生れ。現在は、トルコ・ニュー台北のオーナー社長である。

昭和五十三年九月。いちどに三軒のトルコ風呂が売春防止法違反の容疑で滋賀県警に摘発された。この三軒はチェーン店であったのだが、同じ土地でこうしたチェーン店が何軒も同時に手入れをされることはあまり前例のないことだった。山田は兄二人と、これら三軒の雇われ社長をつとめ、彼自身はそのほかに兄の店の営業部長も兼ねていた。

朝八時、村の中にあるマンションの自室で寝入りばなをたたきおこされた。玄関をあけると、滋賀県警の刑事が数人捜査令状をもって突っ立っていた。ほぼ同時刻に、三軒のトルコ風呂、館、鍵屋、そして山田が社長の台北の店と、兄たちの住いが一斉に家宅捜索をうけていた。証拠物件は押収され、社長はむろんのこと、店に寝泊りしていた男子従業員もすべて警察に連行されたのである。容疑は管理売春であった。

トルコ風呂が売春防止法で摘発される場合、トルコ嬢の内部告発、未成年者雇用、覚醒剤などの別件逮捕に始まるのがふつうである。山田は、今度のこともそれに違いないとタカをくくっていた。が、その思惑ははずれた。警察当局は慎重な内偵の結果、確証をつかんだうえで、はじめから売春防止法違反容疑での逮捕だったのだ。

「あんまり、目立つことをやりすぎた」

留置場のなかで山田は、おのれのうかつさを恥じた。

山田が自覚したように、お上の神経をいらだたせるような営業の姿勢だったことはたしかだ。そのひとつに、週刊誌などマスコミに対して協力的なことがあげられる。私自身、そのお陰で面白い記事をつくらせてもらった。

「何かこう、変り種のトルコ嬢でもいませんかね」。彼に聞いてみる。「古代中国の仙術を研究しているトルコ嬢なんか珍しいでしょう」。まさに打てば響く調子でネタが転がりこむ。トルコ風呂と仙術と、奇妙な取り合わせのようだが、仙術には強精と淫法の術もあって、ちゃんと辻褄は合う。とにかく、どの程度の研究を積んだかはわからないが、中国仙術の解説書を抜きながら、整気法、竜虎相搏《う》つの体位など、実地披露してくれるトルコ嬢がレッキと存在するのだから、意外性に富み、どことなくおかし味のあるトルコ風呂記事ができる。

イニシャルだけで店を現わすのに、世の中は奇特な人もいるようで、わざわざ探し当てて訪れる客が多い。山田としてはちょっとしたマスコミ協力が、百パーセントPRの効果を生むことを計算ずみである。元来、この業界では目立たないことが安全な営業法とされている。当局のお目こぼし商売の意識をもつからだ。マスコミにネタを提供するなんて、とんでもない。便乗すればPR効果があるのは承知していても、お上の眼を意識せざるを得ない。

業界一般が消極策をとるので、山田のマスコミが両刃の剣であったことを、いまさらのように述べるのだが、商売としての利害を天秤にかけてみるとどっちが得か、の問いには答えにくそうだった。

彼は、思い切った営業方法も採用した。顔見世トルコという代物だ。ズラリとトルコ嬢を並べ、客に選択の自由を与えた。ズラリといっても、体が空いているトルコ嬢に限られるから、二人だけということもある。売防法以前の赤線でとられていたシステムだが、トルコ風呂では九州の博多で一部、これを採用しているだけ。たった二人のなかから選ぶにしろ、好みを無視した当てがいブチよりは利用者から喜ばれる。

明文化されてはいないが、顔見世方式は不健全な営業内容と見なされる。当局と感覚的に異なるが、陳列されるトルコ嬢の心情を想像すると、私はやり切れない気になってくる。いずれにせよ、山田の店は三軒とも、雄琴では売り上げが上位ランクに入ることになった。結果として、当局の捜査対象になりツケを返すことになった次第なのだ。

たしかに、目立ちすぎて山田の店はマークされた。この目立ちたがるのは雄琴の若手グループ経営者の特性、といえるかもしれない。山田もそのメンバーの一人だ。政界ほど生臭い感じはしないが、ちろりん村にもいくつかの派閥のようなものがある。

花影と花の宴の社長で、特殊浴場協会会長の田守を中心にする地元派。石亭、大将軍、嵯峨、赤坂、東京トルコなど、いずれも生え抜きの店で、雄琴トルコの隆盛期を経て来ただけあって、投下資本もすでに償却、金持ちケンカせずのように、営業の方針は穏健だ。いいかたをかえると消極的。建物のオーナーが社長でもある。

関東派は関東からの進出組と、それに気脈を通じる店とで構成されている。小林健二の鎌倉御殿チェーン、吾妻、ダイヤモンドクラブ・チェーンその他で、かつては桜、遊楽もこの派と見なされていたが、いまはその色彩が薄くなっている。

大阪、神戸などの経営者のグループが関西派。江戸城、竜宮城、本陣、京都といった店だが、営業方針など関西に特有の独特さをもっている。

特に派閥に属さないノンポリもある。皇帝、金瓶梅、千姫、聚楽、御三家など。

そして山田が属している若手グループ。よそのトルコ地帯から雄琴に管理者として招かれ、やがて一城の主に出世した若い経営者たちだ。ニュー台北、ニュー館、大阪城、ゴールドクイーン、英国屋、秘苑といった店で、それぞれユニークなサービス内容で競い合い、大いに目立つ存在だ。週刊誌にしばしば登場して、雄琴トルコをイメージ・アップした功績は大きいのである。ただし、取締り当局の神経をいらだたせることにもなるようで、消極的な地元派のひんしゅくを買っている。しかし、あくまでサービスの勝負という建前だけに、地元派を除いた他の派、それぞれ一部の店に見られるような、雄琴のイメージを損う営業法はとっていない。たとえばタクシー運転手や旅館の女中へのリベート作戦のような、客に損失を与える商売を排除しているのだ。話がそれるようだが、興味をもてるのは、この若手グループはお互いに親睦の度合いが深いことだ。まとまってヨーロッパ旅行や東南アジアまで足を延ばす。それがひんぱんである。もちろん、業務上の視察という大義名分があって、ナイトツアーに重点的なのは当然だろう。軍資金も豊かでそれ相応の効果をあげているようだ。

ところで、朝八時にトルコ風呂への立ち入り捜査は、全国で雄琴だけの例と思われる。よそでは営業時間中に踏み込むのがほとんどだ。遠慮なく浴室にも入る。だからサービスを受けている最中の客は肝を潰す。大阪市の場合はもっと念が入っている。新聞記者も同行するだけでなく、テレビ・ニュースまで動員するから、うっかりトルコ風呂に行けないような気にさせる。客も事情聴取されるのは当然だが、四国の高松のように警察に連行されるケースさえある。しかし、ちろりん村の場合は、警察当局の内偵がしっかりして完全に確証をつかんでいるうえ、関係者のほとんどが村の居住者。捜査の技術上、営業時間外でも大丈夫ということのようである。

警察側は犯罪の容疑を固めるため、相当期間を内偵した結果、捜査に踏み切る。刑事が客として潜入すれば、そんな手数をかけなくてすむわけだが、日本で麻薬事犯以外はオトリ捜査を認めていない。聞き込みと内部告発によって内偵が開始される。事実、この業界で違法の摘発は、投書やトルコ嬢などの駆け込み訴えによるものがほとんど。競争激化の地帯は客の入りがいい店ほど、同業者のネタミをうけ警察には名指しの投書が山積する。東京ではもっぱらそれが盛んということだが、不思議なことに雄琴は密告がすくないらしい。シマを形成しているせいだろう。

雄琴では投書よりも業者が恐れているのは内部告発だ。五十四年六月、雄琴で英国屋が摘発されたのは、クビにしたトルコ嬢の駆け込み訴えによるものだ。接客のマナーが悪いということで、三人も一緒にクビを切ったら、その連中が揃って訴え出た。腹立ちまぎれ、行きがけの駄賃といったところだが、当局にとっては証拠が転がりこんだようなもので、こんなに都合のいいことはない。

よその地帯にもおなじようなケースは多い。それだけに理由があってトルコ嬢を辞めさせようとする場合、極端に神経を使う。辞めさせたトルコ嬢の恋人的な存在の男が煽って、警察に告発させることもあるからなおさらといえる。辞めさせる第一の理由は客の評判が悪い場合だ。サービスのテクニックより接客の態度を問われる。容姿は客の好みが千差万別で、それほど問題にならない。情緒不安定な女性ほど客に悪い印象を与えるものだが、この種の者に限って告発型なのだから業者にとって始末が悪いのだ。

「過剰サービスの強制や不当な搾取なんて、いまのトルコ風呂で行うことはできませんよ」

トルコ嬢気質をタテにとって経営者たちは、不法をおこない得ない事情にしているのだが、はたしてそれはどうだろうか——。なぜだかトルコ嬢はとりわけ暗示に左右されやすい特性があるようだ。例えば指名競争をする。経営者はトルコ嬢たちに口では命令しない。ただ、控室に各人の指名の数を印した表を張り出す。それを見て指名の少ないトルコ嬢は、もっといいサービスをして指名を増やそうと決心する。また何気ない調子で店長あたりが、成績のあまりよくないトルコ嬢にささやく。「ナンバーワンの××ちゃんは、こんなサービスをしてるらしいよ」と過剰なテクニックの説明をするのだ。「じゃ、私もやってみようかしら」、そんな気をおこすらしい。彼女たち自身の高収入につながる仕事だけに、よけい呪文の効き目が早いというものだろう。

未成年者をトルコ嬢として使用した場合は、児童福祉法違反が重なり、特に厳重な処罰をうけるが、これは追跡捜査をされ、何年か前にそれと知らないで使っていたとしても、遡《さかのぼ》って処断の対象になる。したがってほとんどの業者は未成年者のトルコ嬢応募に神経質である。年齢をゴマ化して、姉や他人の戸籍抄本を持参することさえ珍しくないからだ。

だからといって、知らなかったではすまされない。ついでにと売春の面でも追及され、二重の違法の摘発は疑う余地がない。智恵を絞った業者は、最終学校に照会したり、卒業アルバムを取り寄せたりして、その対策に苦慮しているようだ。若いトルコ嬢のほうが客に喜ばれることはわかっていても、火中の栗を拾うにしては、あまりにも危険が大きすぎる。べつに、児童福祉の精神に則ったものではなさそうだ。

未成年者と同様、覚醒剤の常用者も業者の言葉を借りるならば、大きなヤクネタである。疫病神のヤクだ。しかし、覚醒剤について特に神経質になったのは五十年に入ってからで、四十年代ごろは店に中毒患者がいても、見て見ないふりをしていた。当時、トルコ嬢の間に蔓延《まんえん》しており、うるさいことをいって彼女たちを切れば、たちまち戦力不足で営業に差し支えてしまう。彼女たちのうち、すくなくとも二十パーセント以上は覚醒剤の中毒者と見られていた。

ちろりん村も御多分にもれない。好況だったころは一日に十人ちかくもの客がつく。その疲労を忘れるため、つい手を出してしまったという例もあるが、ヒモが自分の女を縛るため、覚醒剤の常用者にすることもすくなくなかった。「私たちは彼女の勤労意欲を向上させるための存在です」、そううそぶくヒモさえいた。

しかし、当局の取締りが厳重さを加えてきたこともあって、トルコ嬢の常用者はすくなくなったと思われる。彼女たちの意識の向上というべきか、合理的精神の発達というべきか、覚醒剤が入り込むのをはばむ傾向にある。ヒモに関してもこれと同じような考え方になってきた。「そんなもの、何の意味もないでしょ、覚醒剤を打ったり、ヒモを飼ったり、バカらしいわよ」。五十年代に入って二、三年ほど経ったころ、トルコ嬢になった彼女たちは口を揃えていうのだった。

覚醒剤が大手を振ってまかり通っていたころ、「泡まみれになって転げ回るなんて、正気じゃ出来ないわよ」と、仕事から来るストレス解消の必要性を強調していたのにくらべると、たしかにトルコ嬢における世代の交替を感じさせられる。現在、ちろりん村のトルコ嬢の覚醒剤常用は、その数を確実につかむことはできないが、全体の五パーセントに満たない程度のものと見られている。全国トルコ地帯の比較でも、この数字は低いほうといえるだろう。

覚醒剤の売人が白い粉の入ったポリ袋を束ね、ムキ出しのまま村の中を持ち歩いたり、人目もかまわず金と引きかえる光景などは、すでにまったく見られない。さるやんごとない人の御落胤や、国際的といわれた俳優の元愛人と称するトルコ嬢が雄琴に出現したのも、覚醒剤華やかなりしころのことであった。いまは代替りした歌麿という店には、世界革命のジャンヌ・ダルク、重信房子の同志と称するトルコ嬢がいた。通信衛星で資金援助していると、さも秘密めいた打ち明けかたで客を煙にまくのだ。もちろん、ヤクボケのせいだ。

多士済々、彼女たちのそんな打ち明け話に疑わしい顔を見せると、客はたちまち逆《げき》鱗《りん》に触れる。

覚醒剤の作用で激しい色情狂的な症状を見せるのもいた。そのため気息奄々、絶息寸前という受難の客もあるが、サービスされている最中にヨダレを流しながらトルコ嬢に高鼾《たかいびき》される災難に遭うこともしばしばあった。中毒はトルコ嬢ばかりではない。男たちの間にも多かった。幻覚に狂って暴れ回るのも珍しくないが、ご愛敬のあるところでシャブ中毒者の野球観戦風景。村のなかの喫茶店でテレビのデーゲームをみていて、ピッチャー後方のカメラが打球を捉える。ブラウン管の前に陣取った男たちのうち何人か、その瞬間、パッと頭を右に左に振る。御当人、飛球をくらってはとそれを避けているつもり。この光景もいまは見ることがなくなった。

業者の自主規制の動きも強まっていく。当局の覚醒剤の取締りから連累犯的に、営業内容の違法を衝《つ》かれるからだ。それに商売上の不利が大きい。客へのサービスに問題をおこしやすいし、覚醒剤に付き物のヤクザの介入を招く。ロクなことがないというわけで、自分の店から覚醒剤を締め出そうと努力するトルコ風呂が増えた。

あたらしくトルコ嬢を採用するとき、注射跡の有無を調べるのは当然だが、常用者も用心して、歴然とわかる場所には打たなくなっている。静脈に針を入れればいいわけだから、外見上、それと見えにくい静脈に達するところ、頭の髪に隠された首筋の上のほう、手や足の指の股、すさまじいのになると爪の間や下半身、陰唇に針を突き立てるのさえいる。だから不審を抱くと控室の様子を、先輩のトルコ嬢に監視してもらう。

覚醒剤中毒に共通する特色に、疲れを見せないというのがある。忙しかった日、七、八人以上も客があったというのに、控室で寝転がりもせずシャンとして座っていたら、そんなのは怪しい。しかも眼がキラキラ輝きを見せるのは確定的。いよいよ追い出しにかかるのだが、口頭でクビを申しわたすようなことはしない。それで彼女をカッとさせると後が恐ろしい。「×月×日、覚醒剤予防のため血液検査を行います。大津保健所」と控室に張り紙をする。身に覚えのあるトルコ嬢は検査当日から、姿を見せなくなるという寸法。これで中毒患者をほぼ追い出すことができた。

さて、昭和四十九年六月、大津地裁で管理売春の容疑で検挙された雄琴のトルコ風呂、京都御殿の管理責任者たち、五人の被告に対する裁判で注目すべき判決が出された。被告全員に二年間の猶予刑という判決が申し渡されたのであるが、裁判官は故滝《たき》川幸辰《かわゆきとき》京大教授の長男、滝川春雄氏。ストリッパー「一条さゆり事件」で、粋な裁きを見せた人である。以下はその判決要旨である。

「営業（トルコ風呂の）を許している甘い行政にこそ問題があり、どこのトルコ風呂でも売春をしていると認められる現在、この被告だけの責任追及は躊躇せざるを得ない」

その当時、裁判官がトルコ売春を認めるような判決要旨は怪しからん、といった声も聞かれたものだが、全国千四百五十軒ものトルコ風呂のうち、ほとんどといっていいほど売春によって、その営業が成り立っている半公然の事実の前に、この判決は「正当」の感じがしないでもないのだが。

しかも、現在は臨検を許されず警察当局の捜査に限界がある。トルコ風呂における違法は単純売春と見なされ、これはトルコ嬢と客の恋愛行為に似たもので、適用する罰則がない。業者がトルコ嬢を管理して違法を行った事実が立証されれば、管理売春ということで売春防止法第一二条、十年以下の懲役の適用ができる。

全国どのトルコ地帯でもトルコ風呂の検挙は、ほとんど管理売春の容疑だが、容疑のまま罰せられたのは非常にすくない。場所提供の適用に留められている。業者も管理売春を適用されないように必死の防禦をする。量刑だけでなく、それ以後の営業に差し支えることが大きいからだ。それだけに当局も立証するのはむずかしい。トルコ嬢もその点を心得、店に不利になるような調書はとらせない。

クビにしたトルコ嬢三人が内部告発して検挙された英国屋の場合も、判決は場所提供を適用している。告発したトルコ嬢が、客に対するサービス内容の強制を訴えても、それは口頭によるものだけに証拠として採用が困難だ。講習と呼ばれて、店の管理者がサービスのシステムを実地に教える。その店のテクニックのパターンを統一するためだ。立証されれば管理が適用されるのに、これも証拠といえるものはない。

しかし、場所提供の罪の適用に留められたとしても、その地域の業者たちに与える警鐘的な効果は大きい。五十五年に入ってから、ちろりん村では、五月七日に滋賀トルコ、そして五月二十一日、大奥、江戸城と、二軒が検挙されている。いずれも売春防止法違反容疑だが、この二軒ともヤクザが経営に関与しているとみられ、業界の自主規制に歩調を揃えない点が多かったという。その点、もうひとつの効果も十分と、同業者の一部では受けとめているようだ。

山田は、警察の取調べに対して罪を全部自分一人で引き受けた。はじめは管理売春の容疑であったが、結局、それより罪科の低い場所提供罪——売春防止法第一一条第2項、七年以下の懲役または三十万円以下の罰金——で起訴された。裁判の結果、有罪の判決が下った。懲役一年、ただし、三年の執行猶予がつけられた。

物心ついてからの山田は、世間に反発することだけが生き甲斐のようだった。

本名、崔忠煥。日本生れの韓国籍である。崔家の故郷は、慶尚北道大邱であるが、祖父の代から半日本人、韓国語はまったく話せない。

第二次大戦が終結したつぎの日、彼は福岡県宗像郡の漁村で生れた。姉と兄が三人の末っ子。そのころ父は人夫を千人以上も使う、土木請負を仕事にしていた。戦後というのに生活は豊かだった。しかし山田が三、四歳になるころから父の事業は次第に左前、ついに会社を閉じてしまった。家は極貧にちかい有様になる。はじめてチョーセンという、さげすみの言葉を投げかけられたのもこのころだ。

「それが自分たちの体を流れている血に対する、日本人の侮辱だと知ったとき、幼心にもそのショックは大きかった。いままで、周りの人たちと血が違うことなんか、まったく考えたこともなかったのだから」

はじめのうち、チョーセンと呼ばれたことを馬鹿とおなじ、単純な嘲りの捨て台詞に似たものだと思っていたそうだ。何か物が失くなるとすぐ「チョーセンが持っていったのだろう」。貧しさと二重の屈辱に耐えなければならなかった。それに対抗していくためには、子供なりに相手を力でねじ伏せなければと考える。機先を制して体ごとぶつかっていく喧嘩を覚えた。

「この商売に入るまでそうでした。世間に反抗するだけを生き甲斐にしていたようだ。どうしてオレがこんな生れかたなのか、親を恨みっぱなしだった。だってそうじゃないですか、国籍が違うだけで、まわりから差別され疎外されるのだから」

小学校五年生のとき一家は大阪に移った。父は韓国人が経営している生野区のゴム工場で働くことになった。大阪で山田はホッとするような気分だった。住んでいる東成区は韓国籍の人間が多いし、小学校でも子供たちのうち十人に一人はそうなのだ。彼の反逆の精神はすこしだが小康の状態。とはいっても、喧嘩をやめたわけではない。

しかし、それも中学を卒業するまでのことだった。日本人の民族的な差別は山田についで回っていた。「お前は韓国人だから清水谷高校や大手前高校はあきらめるのだな」。進学指導の教師の言葉だ。それほど学校の勉強に熱心だったわけではないが、成績はクラスのトップから五番目くらいにあった。大阪府の模擬テストでも、一流の公立高校に楽に入れる成績をあげたが、「お前は韓国人だから」と、その教師はしきりに二流校をすすめるのだった。

新規に開校した中学の彼は二期生だ。学校側では進学の実績をあげるため、確率をたかめようとしていたのだ。山田は中学の卒業式に出席しなかった。汚辱の思い出が強かったからである。

大阪の一流公立高校をあきらめた彼は、名古屋の私立工業高校を受験、トップの成績でパスしていた。名古屋の学校を選んだのは、父親が仕事の都合で三重県の四日市に住いを移していたからだ。近鉄の電車で四日市から名古屋まで通学、山田は不良高校生の次期番長に目されていた。鮮やかな喧嘩っぷりを買われたせいだ。

硬軟の両方だった。高校二年生のとき、すでに恋人をこしらえてラブ・ホテルから学校に通う始末。一歳上の喫茶店のウエイトレスだ。もう一人、スーパーの女店員の恋人もいたが、この彼女とはプラトニックな間柄で肉体の交渉はなかった。「犯したい気がして、逢っているだけで楽しかった」と山田は、そのころの自分の心情をなつかしがるのだが、千鶴子といって彼とおなじ年齢の娘だった。ところが、この恋人と大阪に駆け落ちしたのである。

名古屋の中村警察に補導されたのが駆け落ちの契機であった。足が不自由なひとつ年長の学校友達が不良少年のトラブルに巻きこまれ、五千円のオトシマエを請求された。義俠心とでもいうのだろうか、山田はそれを稼いでやるため、名古屋の駅前で通行人から時計を捲き上げたのだ。幸か不幸か、少年院送りにはならなかった。初めての補導ということで情状酌量されたのかもしれない。が、父からはこっぴどくどやしあげられた。高校二年の三学期末のことで、学校も中退させられてしまった。

「家を飛び出す決心を千鶴子に打ち明けたら、彼女もいっしょに行くといってくれた。元来、おっちょこちょいのところが私にはあるらしいです。彼女の言葉で引っ込みがつかなくなって」

大阪に出た二人は生野区のビニール工場で、住み込みの工員になった。十七歳の春だ。親元に探し当てられ二人とも連れもどされたが、二カ月後にまた家を出る。自動車の運転免許をとったので名古屋の運送会社に就職した。千鶴子は岐阜の柳ヶ瀬でキャバレーのホステスになった。吉永小百合に似たところのある美人と、たちまちその店のナンバーワンの人気を獲得。

岐阜では山田の兄が寿司屋をやっていた。学校の成績も良くて医者になりたいと国立の医大を志望したが二浪、進学をあきらめて寿司屋を開業。山田はそれを民族差別のせいだと信じているようだ。ともかく、その兄が寿司屋をやめて中華料理店を開業することになったので、彼が後を引き受けた。保証金など百万円ほど必要だったが、千鶴子の貯めていた金で間に合わせた。

この寿司屋が大当りをし、当時で月の純益が百万円という儲かりかた。十九歳になったばかりの山田は有頂天になって、もう一人、恋人をこしらえて千鶴子と住んでいるアパートのそばに囲った。大阪に遊びに行ったとき友人の紹介で知り合った、堅気の娘だ。彼の跡を追って家出している。彼女にとって初めての男だったらしい。一日おきに二人の女を訪れた。それを彼女たちに認めさせたのだが、三年間、そんな生活を続けているうち二人とも妊娠、千鶴子が女の児を産んだ。「子供をこしらえたら自分の許にもどるだろう、そう考えたらしい」。山田はいうのだが、彼は二十三歳になっていた。

しかしそのころ、寿司屋の景気は落ち込んでいく。主人が遊び呆けているのもその原因だ。彼は賭博に手を出すようになっていた。金が入ることに調子づいて大きく張って、大きく負けたりする。賭場を仕切る暴力団関係者からは、上等のカモにされていたのだ。賭博の現行犯で警察に挙げられたこともある。客でもあり初犯というわけで、罪に問われなかったが、ひと晩に二百万円も負けるのが何回もあっては、商売がうまく行く道理もないだろう。寿司屋をたたんだ。

千鶴子が四日市の彼女の親許にもどったのは、賭場で切った手形の決済と引き替えが条件だった。景気のよかったころは端金《はしたがね》に思っていた十万円を、千鶴子の親は放ってよこした。これが手切れ金のようなものであった。八カ月になっていた子供は山田の母が引き取って行った。

「いまになってみると千鶴子が哀れでならない。その当時は失意でそんなことを思うゆとりもなかったようだ。まだ、二人の女が私と離れないでいてくれたからかも知れない」

大阪から彼を追って来た悦子のほかに、岐阜の喫茶店でウエイトレスをモノにしている。悦子を連れて上京した跡を追うように、その君江という女も東京に来た。そして悦子は新宿のムーランルージュ、君江を不夜城と、それぞれキャバレーのホステスに送りこんだ。悦子と山田は下落合で六畳一間のアパート暮し。君江は店の寮生活。女性二人は自分のほかに女がいることを知らない。一人が月に四十万円は稼いだ。それを当てにする完全なヒモの生活をはじめたのである。

女二人だけでは上等のメシは食えない。もう一人、戦列に加えた。新宿のパブで引っかけた美容師で、二十二歳。彼女は二百万円の貯金を持っていた。調子のいい言葉でそれをすってんてんにする。悦子も君江も、ほかに女が居そうな気配を察したが、かえって競争心をかきたてられるように良く稼いでくれるのだった。三人の女を巡り歩きながら山田は、マージャンと競輪にあけくれる。この期間に彼は、女を競わせるコツを身につけたようだ。これが後になってトルコ商売の役に立った。

「お前がナンバーワンだけど、何時《いつ》までそれを保つことができるか」

おぼろげに不安と危機感とを与える。たまには失望にちかい状態に追いやるが、すぐ救いの手を差しのべる。「やっぱり、お前だけが……」といった調子だ。誰に教わるというものではなかった。体で覚えたといってもいいだろう。しかし、そんな生活を反省するときが来た。悦子が彼に見切りをつけたのだ。下落合のアパートに荷物をそっくり置いたまま姿を消した。さよならとだけ書いた紙片を残していた。

「悦子は、私がはじめての男だったのです。堅気のOLで、もし私とめぐり逢ってなかったら、まともに、幸福な生活をしていたはずだ」

それを考えると同時に、四日市の親許にもどっていった千鶴子や、貯金を全部むしり取ったまま、見むきもしないで放り出した美容師たちの怨みがどんなだろうか、それを思うと、いたたまれない気持におそわれた。山田にとっていままでになかった、はじめての慙愧《ざんき》のようだ。

「極道して、親や兄姉、いろんな人にそれからも迷惑をかけたけど、あのときほど、悪いことをしたという意識はまだない」。それは山田の、ひとつの目覚めになったらしい。以来、堅気の女性にはいっさい手を出さなくなったのだ。

「そろそろ、このあたりで地道な生きかたをしなければ」

ヒモの生活の間、遊び暮していたばかりではないようだ。自動車の二種免許をとっていた。両親と千鶴子から引き取った子供がいる四日市で、タクシーの運転手をはじめるのだが、そんな堅気も永く続かなかった。高校時代の同級生で暴力団のK組から盃をもらっているのと出会う。バクチ場に出入りするようになり、また振り出しにもどってしまった。

そしてK組に身売りするかたちになる。バクチ場で負けた金が重なって百万円、それを自分の体で返す破目におちいった。山田の気性を見てとったその組の親分が、使い物になると踏んで直系の子分にした。

このころ山田はトルコ風呂とかかわりを持つ。トルコ嬢を通じてだから、相変らず女と縁が切れなかったといえる。名古屋の中村遊廓跡のトルコ街だ。四回、おなじトルコ嬢に続けて通ったら惚れられた。彼女のほうから、店以外の場所で逢ってくれとせがまれる。山田を組関係の男ということは察していた。彼女は一緒に住んでくれないかという。そのためには、現在の男と別れなければならない。話をつけるから仲介人になって欲しいとたのまれた。

金ヅルが先方から舞い込んだのを逃す手はない。男をまじえて三者会談、彼女は貯金を二千万円ほど持っていた。半分を手切れ金にくれてやる条件だが、その男は名古屋の組員だった。最初は山田の気迫に呑まれたように、条件を受け入れて一筆書いたものの、このままでは男が立たないと考え直したらしい。つぎの日、その男の仲間六人に囲まれた。刃物をちらつかせながらの脅しに彼は屈しなかった。「どうなとせい――」。

結局、山田の居直りと道理が通った。この評判はたちまち四日市にとどいて、組の中で彼の株があがることになる。男をあげたというわけだ。ちろりん村の、ちょうど村を開いた日にあたる。

金ヅルになる女を手に入れ、組のなかでもハバがきくようになって山田は得意だった。しかし、それも永くなかった。兄貴分の襲名披露に二千万円のバクチを仕組んだ。それだけの金が動く賭場を開いたのである。ところが堅気の客が五百万円も負け、書置きを残して家を出たのだ。家族が警察に届けた。当然、主催者の彼に手が回る。東京に逃げた。その間、組は山田の破門状をヤクザ関係者に出していた。仁侠道にあるまじき行為というのだが、事件になったその賭場と組は無関係を表明する。つまりはトカゲのシッポ切りだ。

実は後になると、この破門状は彼にとって好都合だった。トルコ風呂の売春防止法違反で検挙されたとき、組関係者でない証明になったからだ。もし破門されてなく、籍を置いたままの状態だったら、裁判でもっと不利な立場におかれたはずだ。

東京に逃げた山田は、またヒモの生活にもどる。名古屋のトルコ風呂から連れて来た女を、川崎の堀之内のトルコ風呂に働きに出した。破門状を出され、ヤクザからも見放された格好の彼は、自分も働く決心をする。おなじ堀之内のほかのトルコ風呂でボーイになった。多少なりとも勤労意欲を持つトルコ嬢のヒモにこのようなケースはままあるが、さすが彼女と同じ店で働くことはない。

彼女はヒモにブラブラされているより、トルコ風呂のボーイになってくれることを喜ぶ。勤務の時間帯がおなじなので、二人の生活のサイクルが合うからだ。それに、男が遊んでいるとロクなことがない。小遣いに不自由させないので、浮気されるおそれもある。その点、トルコ風呂は安全地帯だ。女に囲まれていても、男子従業員とトルコ嬢の交渉は御法度とされている。店によっては二人並べてバッサリ、と厳正なところもあるが、たいてい男のほうをクビにする。

山田の月給は十万円、彼女が月に百八十万円の稼ぎ。差がありすぎるようだが、そんなことは問題にならない。元来この社会で男が生計をたてることなんか、女のほうで絶対に期待していないからだ。一カ月ほどボーイをした。店の表に立って呼び込み、案内からお茶のサービス。客の靴を磨いたり、その当時、もっぱら使用されていた予防用のゴム製品、その使い済みの物を処理する、フー焼きをさせられる。得体の知れない悪臭に顔をそむけながら、穴を開けたガソリン罐《かん》のなかで燃やすのも、ボーイの仕事だった。

現在、ゴム製品を用いるトルコ嬢はあまり多くないので、ボーイの仕事からそれは免除されているようだ。純ナマと呼ばれる、予防具なしのサービスを客が喜ぶからだ。そのかわりトルコ嬢は定期的に検診をうけ、客の状態の観察を厳重にする。そしてピルを常用するか、事後の洗滌《せんでき》に入念である。しかし、山田がボーイをしていた当時は、純ナマは普及してなかった。特別な客だけに向けてのサービスとされていたのだ。

そのころ、ゴム製品はタバコの箱かマッチ箱のなかに忍ばせてあった。保健所の立入り検査が行われ発見されると大変だからだ。そしてサービスのとき、客にさとられないよう、トルコ嬢は自分の口のなかにゴム製品を納める。フェラチオの際、上手にそれを装着するが、ベテランのトルコ嬢になると、よほど注意していても気がつかないほどである。この装着の技術をトルコ嬢たちは当時、「〇・〇三ミリの闘い」と呼んでいた。

使用前の扱いは入念細密でも、使用後の処理はおおざっぱだ。すでに客の感興をそこなうおそれもなくなっているし、装着されていることを知らなかった場合は、かえって意外性を与える驚異の効果を生じるからだ。水で付着物を洗い流しティッシュペーパーにくるんで、所定の場所に捨てる。なかにはハサミで小さく切りきざむトルコ嬢もいる。

ボーイのつぎは、ほかの店にマネージャーとして迎えられた。月給十五万円だが、経営のマネージメントというより、技術指導員とでもいうべきか、サービス・テクニックの指導が仕事だ。業界ではこれを講習と呼んでいる。新人のトルコ嬢に対して行うだけでなく、ベテランにも、その店のサービス規準を一定にさせるため、常時、必要とされていたのだ。そのころ、トルコ・テクニックの進歩が過渡期だったため、ほとんどの店がそれを実施している。

トルコ嬢のヒモ歴が二年ほどあるだけで、ボーイの生活がたった一カ月。それで技術指導とは、いささか心もとない感じだが、客の立場からサービスをされながら、気の付いた点をアドバイスするのだから、それほど難しいことではない。「私は女が好きだから」。山田もいっているように、趣味の延長のようなものである。

その当時の講習は、客として規定のサービス料一万円を払ったうえ、実技指導するというところが面白い。もちろん店の経費だ。この制度は、講習に名を借りたタダ遊びの印象を、トルコ嬢に与えないための配慮でもある。ことに、彼女にヒモがいた場合、その男が非常に不愉快を感じるらしいのだ。ヒモの保有率が高いころで、およそ九十五パーセント。講習のたびにクレームをつけられては大変だ。

「ときどき、講習という仕事を忘れることがあって、それを抑えるのに苦労した」

山田もいっているように、ハプニングもすくなからずあったようだ。お互いが生身だけに状況によっては、普通の男と女の立場に変化しないでもない。講習のとき、ファックは禁じられていた。現在はサービスの程度がエスカレートして、必然的なファックは認められているようだが。いずれにせよ衝動にかられる機会が多くても、男性側の一方的なものであれば職業意識を目覚めさせ、それを自制できる。

講習を受けている側が衝動を覚えたら――、これは大変だ。トルコ嬢は意外なことに、淫乱の傾向をもっているのがすくなくない。講習のつねとは異った状況にそれが触発され、事態をわきまえず襲いかかることもある。なかにはからかい半分、意図して禁を破らせようとする。ことに新米のマネージャーほど、その試練に耐えさせられるのだ。タブーを犯したら、相手のトルコ嬢からは軽く見られるだけでなく、表面化した場合、ダメな男のレッテルを貼られてしまう。ファックを法度にしているくらいだから、達することは絶対的なタブーだ。現在、進入させるのを許していても、それだけは厳禁事項である。犯せば、その店じゅうの評判になり、権威を失墜させる。万一、そのことが相手のトルコ嬢の彼氏の耳にでも入れば、職権乱用の厳重抗議をうけるのだ。店の女には手を付けないという、日本における水商売の社会常識が、多少の形を変えてトルコ風呂でも生きているようだ。

現在、講習の制度を実施中のトルコ風呂は、一対一のトレーニングをしないで、複数の見学者をおく店が多いようだ。但し、この講習なるものは、管理売春につながる行為として、取締り当局からマークされている。

山田がちろりん村に現われたのは四十七年だった。伝手《つて》があり新開店の鍵屋という店のマネージャーとして呼ばれた。ちょうど雄琴トルコは開花期を迎えようとしていた。しかし間もなく、四日市での賭場開催の件で検挙される。交通違反で警察に連れて行かれたら、例の件で第一級指名手配中が判明、とんだヤブ蛇だった。しかし、ヤクザから破門され、その後、おとなしくしていたことを認められ、温情をもって裁判猶予の扱い。

しかし事件には違いない。トルコ風呂のマネージャーをやめて、村のなかで寿司屋を開いた。岐阜でやっていた当初とおなじ、これもよくはやった。村にはほかの寿司屋がないこともあるが、トルコ景気で金がうなっている。値段の高いネタのほうが売れるし、取りほうだいの雄琴相場だ。まともにやっていたら相当に金を残したはずだが、百万円儲けて百五十万円使う性格はおさまらなかった。

ちろりん村には賭け事が渦を巻いている。大津の競輪と競艇、それにマージャン。野球賭博は注文取りが来る。競馬のノミ屋も競馬新聞を無料配達して、御用聞きに来るくらいだ。女のほうは、川崎の堀之内から三代目をこしらえていたが、トルコ嬢だから出銭はいっさい無し。とにかく、いくら儲かっても出るほうが大きければ、店をやって行けるはずがない。運が悪いことに、寿司屋の常連客でこしらえていた、一口十万円の頼母子《たのもし》講で、取ったばかりのメンバーに逃げられた。

村のトルコ風呂で店長をしていた男だ。野球賭博で大きく穴をあけていたらしい。講元に責任がある。一千万円、これは大きい。それを救ってくれたのが、すこしの間だけマネージャーをしていた、鍵屋の持ち主だった。仕度金の名目で金を出すから店にもどって来い、というわけだ。四日市でヤクザになったのは、バクチの負けを体で返したようなものだ。雄琴で、本格的にトルコ風呂商売に入ったのも、つきつめると同じことになる。見る目によって山田は、「買うだけの価値がある男」ということになるらしい。

「私は、のぼせ性だから」

とだけ彼はいう。たしかに一途さがある。その一途さは性格にもよるだろうが、幼いころから身につけた、反発する生きかたにも原因があると、彼自身は考えているようだ。ヤクザの親分、トルコ風呂のオーナー、いずれも山田のそんなところに利用の価値を見たのだろう。

彼が責任者として鍵屋にもどったころ、店に入る金は月に五百万円ていどだった。それを一千万円にまであげる。店を新装したり、料金を高くしたわけではない。従業員やトルコ嬢にやる気を出させたからという。山田が先頭に立って、客の呼び込みから案内、そして客の靴磨きまでやる、彼がボーイ時代にやっていたそのままを、責任者が率先して行うのだ。「要するに、上に立っている人間が一所懸命なところを見せただけ」。何となく店に活気のようなものがみなぎる。水商売の不思議なところで、そんな活気が客の誘い水になる。

もちろん、トルコ嬢のサービスも向上。これは山田に独特な、体験的女性アピールのテクニックがモノをいう。この人のためだったら、と多少の辛苦はいとわないのだ。「お前には、とってもいいところがあるのだけど……」、しみじみと話しかけられると、一見、とぼけた感じのある顔だけに真実味があって、とは彼に使われていたことのあるトルコ嬢の話だ。ヤル気を出せば、それが客の数になってもどってくる。収入倍増に直結しているのだから、結果として悪いはずはないのである。山田にとって永年のヒモ生活は、伊達《だて》ではなかったといえよう。

そんな実績が認められ鍵屋のオーナーから、七軒のトルコ風呂をまかされることになった。雄琴の三軒に加えて四国・高松の二軒、そして札幌の薄野《すすきの》にある二軒だ。名目は営業部長だが、雄琴の台北だけは社長も兼ねて、残りの店は二人の兄をそれぞれ社長にすえる。中華料理店と給食会社を経営していたのを引っぱりこんだのだ。

この形態はトルコ風呂の社会で珍しくない、頂上には本物のオーナーがいて、その下に経営をまかされた、雇われ社長がいる。オーナーと雇われ社長の間に結ばれた契約の条件はさまざまだが、いずれにせよ、収益の多くはオーナーが吸い上げるだけでなく、万一、当局から手入れされた場合、その罪は雇われ社長どまりで、その上には及ばない仕組なのだ。オーナーは建物の持ち主に過ぎず、営業面はノータッチを建前にしている。

実際に家主と店子の関係の店もあるが、そんな例はごく一部だけである。ちろりん村は、オーナーがリモコンのケースのほうが多いようだ。山田のオーナーはネオン会社の経営者だ。トルコ風呂のネオン工事を請け負っているうち、トルコ商売の旨味《うまみ》を知って副業に始めたと伝えられる。その他、オーナーの素性をたどってみると、トルコ風呂に付き物の水道工事業者や、不動産業者というのもある。都会地のトルコ地帯には中小金融機関や商社が、ダミーにトルコ風呂をやらせることもすくなくない、とさえ見られている。

あるトルコ風呂の場合、この店の浴室は八部屋。通常の賃貸であれば、保証金三千万円、家賃三百万円といったところ。それをオーナーがリモコンする場合は、保証金一千万円。但し名目だけで、雇われ社長は払う必要がない。そのかわり家賃が五百万円、しかも、裏家賃をとる。これが二百万円ていど。合計七百万円の家賃というわけだ。そのうえ通常の賃貸の場合、その店の補修など家主持ちだが、雇われ社長は自分持ちである。オーナーはリスクなしのボロ儲けだ。

おまけに税金は、本社を事業所の所在地にはおかないから、相当なゴマ化しがあっても追跡調査が困難というものだ。土地代、建築費の償却は三年で十分と見られている。検察当局は、違法の元凶は陰のオーナーにあると見て、その追及に懸命だが立証するに至ったことはない。いずれも雇われ社長の段階で、トカゲのシッポ切りに終るからだ。

山田は七軒のトルコ風呂で営業部長をしている間、百二十万円の給料をもらっていた。台北の雇われ社長の手当込みだ。この金額は決して多いものではない。むしろ、責任の重さに比較すると、この業界の常識から見て少ないくらいである。

「将来のため、勉強の期間だから」と山田はいう。たしかに、それは報いられた。台北を通常の家賃で借り受け、オーナー社長ではないが、雇われの肩書を外すことができたのである。五十三年に三軒の店が同時に検挙され、彼が一人でその責任を負った一年後だ。これもオーナー社長の常套《じょうとう》だ。将来を約束してハッパをかける。償却したところで餌としてその店をリースしてやるわけだ。通常の家賃収入だけだから、リモコン当時よりは利が薄いけど、モトをとっているのだからそれで十分というものだ。

台北のリース料は保証金が三千万円、家賃三百万円だった。浴室が十二部屋だから、立地条件から見て決して高いものではない。山田は、つぎにこの店を買い取ってしまった。リースして一年経ってからだ。二億円はくだらないと評価されるが、トルコ風呂の相場というものは、不動産価値だけでなく、立地とその店の営業状態の総合で評価される。この台北の場合、総合評価が他の店にくらべて高いのだ。営業成績がズバ抜けて良好のせいだ。一日に客が六回転することも珍しくない。月間の売り上げは二千万円以上。利益率は全国的に見ても上位のはずだ。

「値段を吊り上げたのは、結果として私自身ということになるらしい」

山田は奇妙なジレンマを感じているようでもある。しかし、メシの食いかたのケジメはついたようだ。番頭から社長に、その立場は変っているが。

「女の子や若い衆が体を張って生きようとしてるのに、上に立つオレにその気持がのうて、どないするねん。トルコ風呂いうとこは、淋しい人間の寄り合いや。してるこの、ええ悪いはぬきにして、シマのなかだけでも胸を張って生きて行ける、いう幸福を、はたの人もちぃとは認めてやって欲しい」

開き直りはあい変らずだが、いささかの仏心のようなものの芽生えもこの述懐には見られるようだ。事実、その仏心がある行動に現われている。

それはルーツ探しである。祖先をつきとめるため、二人三人と組になって韓国に旅をする。前述した雄琴の若手グループの過半数が韓国籍のせいだ。山田も、むろんその一人で、雄琴で韓国籍をもつ経営者五人は、すべて若手グループに属している。関東のトルコ地帯にくらべて比率は低いが、いずれにせよこのメンバーの親睦を深める理由にはなっているだろう。

家を重んじ、祖先への崇敬は現代社会の日本人に薄らぐ一方だが、韓国人はそれが非常に篤いといわれている。そのあらわれのひとつがちろりん村若手グループのルーツ探しというもの。在日韓国人の間では、最近、とくにこれが行われているようだが、アメリカ映画の『ルーツ』がその発端らしい。

「ちかごろどうしてか、祖父の国と先祖が気になってしようがない。年齢のせいかと考えてみるのだが、仲のいい連中もおなじような気持だった。できることなら御先祖をたしかめてお祭りしたい、そんな思いがつのって、落ち着かないのです」

山田の話だが、彼はいうならば韓国三世、父の代から故国とは縁が薄くなっている。父子二代、半日本人の生活を送って来たのだ。グループの仲間もほぼ同様である。誰もまだ、祖父以前にたどりついてはいない。何とか自分の代でそれを果さないと――、そんなあせりを感じているようだ。

「特に自分を韓国人だと意識することはなくなっているのだけど、やっぱり血ですよ。その血の流れを恨んだり反発した時期もあったけど」

百七十センチ、五十四キロ、どちらかといえば貧弱な体つきと、ひょうきんさがうかがえる顔かたちだが、ときおり油断のない鋭さのある眼くばりを見せる。

ちろりん村・午後4時

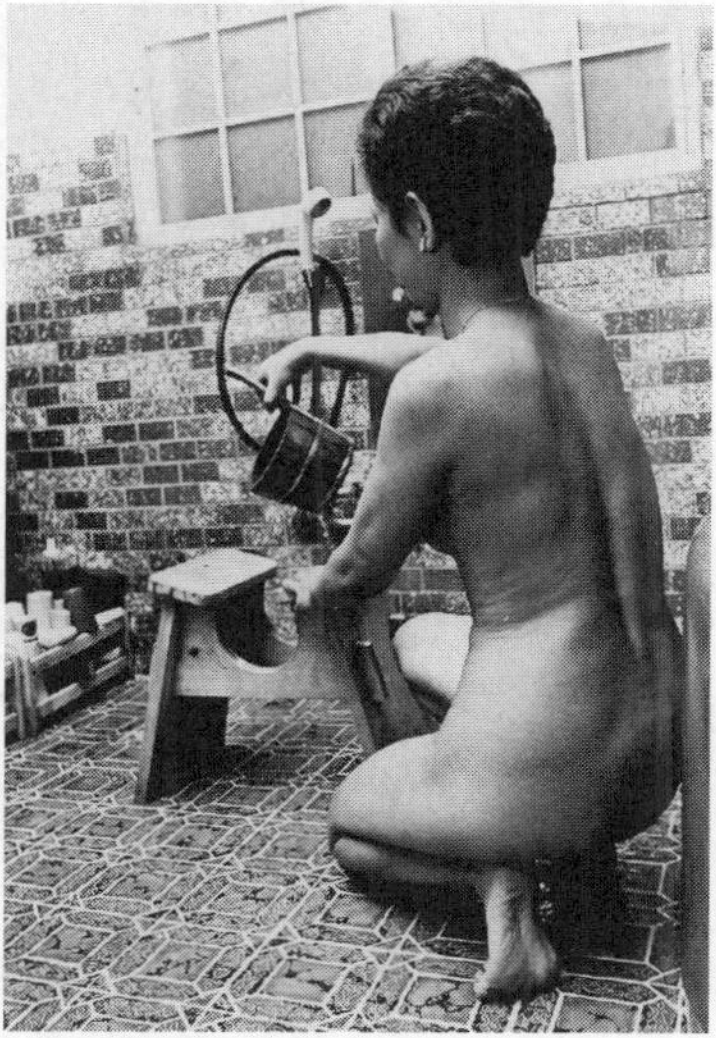

ニュー上海の春香は午後二時までの出勤にすこし遅刻した。彼女に付きまとって離れない男と、どう決着をつけたらいいのか、目覚めてから蒲団のなかで思いあぐねていたからだ。ここしばらくの間、そんな状態が続いている。この日、早番の彼女は二時半までに仕事の準備をすませ、客を迎えなければならない。すでに指名の電話が入って、間もなく店に来るころだ。バスタオル二枚とハンドタオル三枚がセットになり、ポリ袋に包装されているのを五組、山のように腕にかかえこんでエレベーターに乗る。

彼女の部屋は二階の奥だ。この店の古顔で指名の客も多いから、部屋持ちということになっている。ほとんどのトルコ風呂がこれとおなじ制度をとっている。その店の経歴が浅かったり、古くても指名客が少ないトルコ嬢は、日ごとに空いている部屋を適当に割り当てられる。エレベーターの前だったり階段室のそばで、絶えず人の気配があるだけに仕事の環境はよくない。これは赤線時代の遊廓にあった制度と似ている。そのころも、売れっ子の花魁《おいらん》ほど上等な部屋を与えられていた。

春香はこの店に来て満二年、部屋持ちになったのが入って三カ月目だった。以来、おなじ部屋を使っている。店の名前と似つかわしいように、朱色を塗りたくった天井の格子や壁の柱が、何となく中華風。畳数にして十畳くらいはあるだろうか、入口に対して窓のほうに細長い。柱にぬいぐるみや人形が三体ぶら下がっている。鏡台の前の飾り時計や、ガラスの円筒に照明が輝いて、その中を銀粉がキラキラと浮き沈みする仕掛けの置物など、みんな馴染み客のプレゼントだ。ちぐはぐで雑然としているようだが、かえってそれがこの部屋の雰囲気を落ち着いたものにしている。借り物ではない、そんな感じなのだ。黒地に模様を浮き出したタイルを踏んで、朱色に枠を塗った丸窓を開き、目隠しに黒い紙を張ったもうひとつの窓を開ける。真昼の光が部屋を明るくした。それと入れかわりに、澱みきった空気が一気にはき出されてゆく。念を入れて彼女はベンチレーターのスイッチも押した。

窓に近い部分の六畳くらいの広さがタイル敷きで、浴場の場所になっている。右側の奥に金砂を浮き出させたプラスチックの蒸し風呂が据わっている。ほとんどのトルコ風呂でこれに入るという客はまずいない。無用の長物のはずだが、トルコ風呂という名目上、しかたなく置いているようなのだ。使うはずがないのに、バルブをひねると蒸気が出る。そうしておかないと保健所の検査があった場合、お咎めをうけるからだ。北海道の札幌とごく一部の地方だけは形式にこだわらず、無用の長物の設置を免除している。

その蒸し風呂の手前に箱型の浴槽がある。家庭用よりすこし大きい感じだが、これも蒸し風呂とおなじ金砂を浮かせたプラスチック製だ。窓の下あたりに湯と水の蛇口とシャワーのホースがついている。左側の壁に乳白色のエアーマットを立てかけてある。厚地のビニール製だが、海水浴に使うビーチマットを大型にして、枕に相当する部分をくっつけた型だ。

この店のエアーマットは九本マットと呼ばれ、縦に溝が八本走っている。その筒の数でエアーマットの幅をあらわすが、九本がもっとも大きいサイズとされている。エアーマットをタイルの上に延べて、そこで泡踊りが行われるのだ。特殊浴場に関する条例で「風紀を乱すおそれのある物品は置かないこと」と規定され、当然、エアーマットもそれに触れるのだが、まず、どの店にもある。トルコ風呂にとって欠くことができない、サービスの強力兵器だからである。

エアーマットを風紀を乱す物品にはっきりと規定したのは、神奈川県の条例だけだが、他の地方では明文化しなくても当局の解釈として、それを禁ずるようになった。御法度になった当初、タイルの上にバスタオルを敷いたり、厚さ三センチほどのスポンジマットを使ってみたが、いずれもクッション効果に欠けるどころか、客は尾骶骨を傷め、トルコ嬢も膝をすりむいて悲鳴をあげていた。以来、内証というにはおこがましい感じだが、エアーマット復活のトルコ地帯が多い。

タイル敷きの中央に、不思議な型をしたプラスチック製の円筒がある。これも金砂が浮いている。高さが約四十センチ、直径は約三十センチで、その上面に幅が十五センチほどの溝を切って、その深さはおよそ二十センチ、凹型をしているのだ。これが俗にスケベ椅子と呼ばれ、客が溝と平行に腰を掛けると、トルコ嬢はその体を洗い易いという代物だ。非常に安定感もあるところから、これを利用した椅子洗いなるサービスを考案、エアーマットにつぐ新兵器の観がある。

もうひとつ、家庭の浴室で使っているのとまったくおなじ、プラスチック製の浴用腰掛けもある。そして大小ふたつの湯桶に大き目のビニール製のスポンジ。これは客の体を洗うのに使うものではない。泡踊り用の泡製造用具なのだ。大きいほうの湯桶に熱湯をすこし入れる。それにスポンジをひたしてベビー石鹼をもみ出すようにする。ベビー石鹼がほとんどのトルコ風呂で愛用されているが、アルカリが弱いのでトルコ嬢自身、肌をそれほど荒らさずにすむ。

アルカリ分の弱い石鹼を使っていても、トルコ嬢になりたてのころはだれも肌が荒れて苦しむものだ。荒れるだけでなく、赤い湿疹のようなものが内腿など特に肌の柔らかい部分にできて、そこがヒリヒリ痛み熱さえおびてくる。それを防止するため最近では、ゼットローションなる液状ワセリンのものを石鹼と混ぜて泡をつくる店が増えている。それにハチミツを加えることもあるが、粘り気が増して肌ざわりがよくサービス効果も急上昇ということだ。いずれにせよ、それらを混ぜ合わせて熱湯にひたしたスポンジでもみ出すと、驚くほどの泡が見る間に湯桶から溢れはじめる。泡踊りの考案以後、だれかがこの方法を思いついたのだろうが、まさに脱帽ものだ。

タイルを敷いた浴室の部分と十センチほど床をあげて、ベッドのある場所を区分けしている。その敷居に当るところに、ポリ容器に入ったゼットローションやハチミツ、そして浴槽などの消毒剤が並べてある。ハッカの香りがするウガイ薬の小瓶も備えられているが、これはいったい何に使うのだろう。プラスチックのコップにギッシリ、旅館で出すような歯ブラシが詰めこまれ、その横には携帯用のビデが置かれている。

敷居から内側は朱色の手すりで仕切ってあり、壁際に幅が一メートルほどのベッド。厳密にいうならばマッサージ台なのだが、それにしてはクッションが柔らかく、床からの高さも低すぎる感じだ。ビニール張りだが一面にタオルケットを敷きつめ、その上に白地に紺の大きなストライプが入ったバスタオルを広げ、四角いビニールの枕にはクリーム色のタオルを掛けてある。客の下着を入れる乱れ籠もおいてある。

枕元にあたる壁の上には、なぜか東京の新宿にあるカメラ店の名前が入った、スイスの山のカレンダーが貼ってある。日付けの六日ごとに二日ずつ赤丸の囲いが、彼女の休日を印していた。月の第三木曜日も赤丸で囲んである。ちろりん村の全店休業日だ。ちなみに毎月一回、全店休業の取り決めをしているのは、全国で雄琴と岐阜のトルコ街だけだ。

ベッドの枕元と入口のドアとの間に小机がある。ピンク色の笠をかけた小さな電気スタンドと、大き目のカットグラスの灰皿、そして縦横十センチに十五センチほどの千代紙を貼った小箱のなかにはギッシリとタバコの箱が並んでいる。ラーク、マルボローなどの外国製が五種類ほどと、国産タバコはマイルドセブンをはじめ、これも五種類。どれも封は切っていない。春香の名前を刷りこんだ小型の名刺が箱に入ったまま無造作に置かれ、裏側のカレンダーには、これも赤丸で休日を示してある。小机の下のクリネックスの大箱を、レースでフチ取ったピンクの布が覆っていた。

ドアをはさんでベッドの反対側の壁際は、向って左側に鏡台だ。男性化粧品が雑多に並び、ヘアードライヤーとブラシに櫛も見える。金色のフチ飾りがついた置時計やその他、まるでガラクタ市の有様だ。その右が腰の高さから上に、壁に取りつけた洋服ダンス。彼女が店で着る色とりどりのドレスが吊るしてある。客が脱いだ服をここに収めることはほとんどない。たいていハンガーに掛けたのを、ドアの上に打ちつけた釘に下げる。かつては透きガラスで廊下から丸見えだったドアの目隠しのためにそうしたのだったが、今では内側からバスタオルでふさぐことになっているから、それは格別の意味を持たなくなっている。彼女の習慣のようなものだろう。

ドアの窓は、これも条例で規定されたものだ。地方によってその大きさは異るが、雄琴の場合〇・三平方メートル以上の透明ガラス窓を設けること、となっている。広島県はドアの設置さえ認めないが、北海道では、浴室外から内部を見とおし出来ないように、と窓にフタを義務づけられているくらい、地方ごとに当局の適用解釈が違うのだ。雄琴の場合、もちろん窓にタオルを下げて目隠しすることは違反だ。店によってはタオルのかわりに、ビニールを水で濡らしてガラス窓に貼りつけるところもある。

洋服ダンスの下の空間に小型冷蔵庫が納まっている。ビール、各種のジュース、そして疲労回復用のアンプルなど。アンプルは生薬エキスにマムシ・エキスを混合した、一本が千円もする高価品で、客へのサービスに用意したもの。そして冷蔵庫の上の紙コップは、ジュースをサービスするためのものだ。グラスでないのが不思議に思える。保健所の指示でグラスを使用する場合、その都度、消毒済みの物であること、とされているからだ。これはホテルの客室に置く場合も適用されているが、トルコ風呂では、いちいち消毒なんて面倒だからだろう。

以上、この店の設備と備品は、ほぼ典型的なトルコ風呂のものといえる。店によっては冷蔵庫がなかったり、エアーマットをおかないのも見うけられるが、反対に小型テレビやオーディオシステムがあったりするところもある。英国屋の小型のカラオケ設備には驚いた。まさかと思ったのだが、トルコ嬢に聞いてみたところ、まず二、三曲、気持良く唄ってから、という客も結構いるというのだ。

「下手な歌を聞かされるのは辛いけど、その分だけサービスの時間が短くてすむでしょ。体が楽だから」

カラオケ公害もトルコ風呂の場合、効用をもたらしているようだ。

春香は備品を点検し、足りなくなっている消耗品を補充する。部屋の掃除は早朝のうちに、請け負いの業者が済ませているから、彼女の手をわずらわす必要はない。村のほとんどの店もそうだ。窓を閉める。表の通りでは呼び込みのボーイが通行人や、通りに乗り入れた車に声を掛けはじめていた。かん高いその声がスーッと遠いものに変る。

「さあて、今日も仕事がはじまるか」

一階の控室。早番のトルコ嬢が五人、すでに部屋の支度を終えて営業用のドレスに着替えていた。この店に制服はない、自前ということになっているが、ほとんどが裾の長いチャイナドレスにしている。春香はその日、白のドレスにきめていた。着替えをはじめたとき、白蘭が声を掛ける。

「どうした の春香ちゃん、今日も元気がないけど」

白蘭は最古参だ。春香より二、三歳は若いらしいが、東北地方で生れて育ったせいかモチのような白い肌をして、コロコロした感じが五月人形の金太郎を思わせる。愛敬があり客へのサービスもいいらしくて、いつも客の指名数はいちばん多い。男はいない。三年ほど前に別れたということだ。店の寮になっている、村のなかのマンション住い。ときどきミーティングのときこの店の社長が、白蘭を引き合いにして訓示する。

「みんな白蘭を見習わなあかんで。くだらん男なんかつくらんと、仕事に精出して、はよう金を貯めるこっちゃ。お客はみんな恋人や、そない考えればええのんよ。トルコ嬢してるのにくっついて来る男は、お前らに惚れてるのんと違うで。惚れてるのは稼いで来る金だけや。白蘭みたいに貯めこんでみい、天下とったようなもんやで。何時この仕事やめても心配いらん。サラの顔して嫁さんにも行ける。おい白蘭、お前なんぼ貯金しとる」

彼女は笑って答えないが、五、六千万円は定期預金をもっているらしい。屈託がなくて、いつも明るい表情だ。それが春香にはうらやましかった。

「私なんんか、子供のときから明るい気分になったことがない、いつも嫌なことばかりで、いまだって」

別れようと決心した男との仲はもう三年になる。いまの店に入る前にしばらく働いていたトルコ風呂で、客として出逢ったのが最初だった。大阪のタクシー運転手で、大阪から乗せて来た客がせっかくだからと運転手にもトルコ風呂をおごったとき、彼の番に当ったのが春香だった。もう四十歳にちかい中年だ。これといった特色があるわけでもない。ただ、やさしい感じだけが最初の印象だったという。

それから何日かして、その男がまた彼女を訪れた。午前二時を過ぎて最後の客だった。彼は車を持って来ていた。どうせ大阪に帰るから送ってやる、そういわれて京都の山科に借りていたマンションまで乗せてもらったのだが、それ以来の仲である。お茶でもと、彼を自分の部屋に誘ったのだった。

「そのとき、なぜ部屋にあげたのかどうしてもわからない。客に食事を誘われることもあるけど、仕事が終ったら自分一人になりたいだけで、送ってくれるというのさえ断って来た。それを部屋に誘うなんて、べつに特別な男と感じたわけでもないのに」

春香は、魔がさしたとしか思えないといっているのだ。

「でも、その日は雨が降ってて、店にいる間じゅう、とっても哀しかったから」

なぜか雨の日は、自分の幼かったころの、淋しい思い出に胸を締めつけられるというのだ。

「子供のとき、小さかった弟や妹と三人、窓の外の雨を見ながら泣いていたの」

春香は昭和二十六年、千葉市に近い町で生れた。父親は知らない、戸籍にもその名前がない。物心ついたとき父を名乗る男はいたが実父ではなかった。弟と妹の父だ。彼女は自分が生れて来たいきさつも、いつ、どんなかたちで、その父という男が家に居るようになったのかも知らない。二歳上の姉もいたが親戚に預けられていた。春香と父親はおなじらしいというが、彼女にもそれははっきりしない。母は毎日、外で働き、父という男は仕事らしいことをしていない。家のなかでゴロゴロするか、パチンコ屋で時間をつぶしていた。

「あの男」と彼女は義理の父を呼んだ。吐き捨てるような口調だ。

春香は中学三年の秋、その父という男に犯されている。普通よりすこし遅い初潮のすぐ後だった。彼女は、そのことが自分の不幸の始まりと信じている。

「本当に、何をされているのか、私、わからなかったの。ただ、嫌らしいことをされている、そんな気はしていたのだけど……」

六畳一間に親子五人、寝がえりもままならない有様で枕を並べていた。夢うつつのなかで体の一部に奇妙な感触を覚え、それがいきなり激しい痛みをともなった。声をあげようとしたが、呼吸ができないほど口を抑えつけられ、眼のすぐ上に彼女の体にのしかかった、父という男の激しくゆがんだ顔が迫っていた。いまでも、そのときの下肢に走った痛さより、男の表情が思い出される。身ぶるいするほどの衝撃は彼女の脳裏に焼きついたままだ。

母に救いを求めようとしたが、背をむけたまま身じろぎもしない。

「きっと、知ってたと思うの。その夜からあと何回もおなじことをされたけど、母はいつもむこうを向いて、体をすくめるようにしていた。そしてつぎの朝、きまったように私の顔をまともに見られないみたいだった。きっと、あの男に逃げられるのが恐ろしかったのよ」

いまになって彼女はそう解釈しているようだ。

「私だって、自分を不幸にする男だとわかっても、それから逃げ出すことができない。母とおなじことだわ。血筋というものかしら、これも」

中学を卒業すると、すぐ家を出た。東京の下町で遠い親戚がそば屋をしている。そこに住み込んだ、本当は、高校に進学したかったのだが。勉強が好きで国語と英語が得意だった。いつも九十五点以上とっていたので、将来は英語の通訳になりたいと考えたりもしてた。しかし彼女は、家に居るということだけでも耐えられない気持に追いつめられた。父という男は、彼女への陵辱をやめない。昼間でも、弟や妹を追い出すと、体を抑えつけにかかるのだ。逃げると引き倒して殴りつける。そして、イモ虫のように丸く縮めた彼女の体を押しひろげた。

「たった一回、やっとのことで母に訴えたことがあったわ。でも、何もいわないで泣くだけだった。そのとき家を出る決心をしたの。ただ、学校卒業するまでガマンしようと思った。だって、お友達はいるし、この世の中でいちばん楽しい場所はそこしかないと思ったから」

家に帰るのがいやで、授業が終って校門を閉める合図の蛍の光が鳴るまで、校庭で時間をつぶしていた。雨の日は情けなかった。

「いまでも、雨と蛍の光の曲に弱いの。心細くなって、自然に涙がこぼれ出しちゃう。もし私が突然、自殺するようなことがあったら、そのどっちかに誘われた結果だと思う。状況の苦しさなんか、もうヘッチャラになってるのだから、それだけでは死に急ぎしないはずよ」

そば屋の生活は楽しかった。立ちっぱなしで忙しいうえ、水に濡れっぱなしの仕事だが、夜になってもオドオドする必要はない。せめて定時制の高校に行きたかったが、遅くまで店を開いているのでそれは無理だった。そのかわり、店の主人が算盤と生花を習わしてくれた。天にも昇るように嬉しかったという。一年ほどでそば屋をやめた。

「母や弟と妹が気になって、お金を送ってやりたいと思ったの。だって、血のつながりがあるでしょ。知らん顔できないもの」

もっと収入のいい千葉の喫茶店に住みこんだ。いまでも、彼女の思いやりは失われていないようだ。身を削った金のなかから送り続けている。母らしいことといえば、彼女を産んだ以外、何もなかったように思える。娘が夫に陵辱されようとしていたのに、それさえ救うことができなかった。そんな母親にどうして。私はどう考えても春香の心を理解できそうになかった。

「私もわからない。本当だったら、憎んでも憎みきれない。あの男より憎むべきかもしれないけど、そんな母が哀れで気の毒なの。家を出たときから母を憎んでなかった、まだ子供だったけど、何となく可哀そうな気がしてた。いまは、あのときの母の苦しさがわかるようで、もっと、何とかしてあげなければと思うの。あんな男にすがりついて生きていこうとしてるのだから。その点、私とおなじ哀れな身分じゃないかしら」

春香が住み込んだ喫茶店は、京成千葉駅のすぐそばにあった。すでに十八歳、ふつうなら異性に関心をもちはじめるころだが、まったくそれはなかった。店のなかをコマネズミのように銀盆を捧げて動き回る。忙しいほど楽しかった。「私って、働くことが好きだったみたい」。そば屋のときもそうだが、忙しく立ち働いた思い出を語るとき、彼女の眼は明るく変るのだ。喫茶店勤めをはじめて三年ほどしたころ、雄琴にちろりん村が誕生した。

「ぜんぜん、男なんかに関心はなかったみたい。ただ、仲の良いアベックを見るとちょっぴりうらやましくて、自分にもいつかは、そんなデートをすることがあるかも知れない。そう考えるときもあったようだわ。トルコ嬢になるなんて、そのころ想像もしてなかったわよ」

それから一年ほどして、彼女に男ができた。四十歳を超えた中年だった。

「父という、あの男とは違うべつの父にあこがれる気持が私のなかにあったらしい。自覚はなかったけど、毎日のように店に来る男に、ほのぼのとしたやさしい温かさを感じて、いつとなしに心を引かれていったの。あとで考えてみると、異性というより父親を求めていた気がする」

六カ月ほどは店が終って食事に誘われる、ただそれだけの間柄にすぎなかった。千葉駅のそばでスナックを経営しているというその男は、大洗海岸にドライブしたときモーテルに連れ込んだ。春香に抵抗はなかった。むしろ抱かれたことが嬉しかったという。それから間もなく同棲、西千葉に六畳一間だけのアパートを借りた。

「彼に夢中だったわけでもないのに、いつの間にかそうなっていた。何も考えることなんかなかったみたい、なぜそうなったのか、いまになってもわからない」

この男、実は完全に無職、正式の妻を街娼に立たせて自分はブラブラしている、ヒモという種族だった。しかも覚醒剤の中毒で、彼女は最初から、その餌食としてねらわれていたのだ。それでも最初の半年ほどは本性をあらわさなかった。ヒモが女をつかまえる常套手段である。むろん、街娼の妻のこともずっとあとになってわかったことだ。喫茶店の給料は十万円くらい、一万五千円の家賃を払って残りが生活費。その男は一銭も金を入れない、母に送る金もとどこおりがちになったが、彼女は男との生活を大切にしようとしたらしい。

「私のこと、好きだったのは本当だと思う。だって、稼がすことだけが目的だったら、もっと早くトルコ風呂に行かしてたはずよ。本当の女房をパン助で稼がしてたくらいだから、私がどうでもいい女だったら」

彼女は三十万円ほど貯金していた。母に仕送りしながら、爪に火を点《とも》すような生活で貯めた。いつの間にかそれも無くなった。男に使いこまれたのだが、「彼の役に立つのだったら……」と、あまり苦にならなかったという。

そして――。

「本当にオレが好きだったら、何も考えずに働いてくれ」

バクチに負けた金が払えないと、どんな目にあわされるかしれない。悲痛な声で男は彼女に両手をついた。「借金さえなくなったら、すぐトルコをやめさせる、ほんのすこしの間だけガマンしてくれ」。計画的に自分の女をトルコ風呂に入れようとする男の、これは決まったやりくちと、きまり文句だ。男のため、トルコ嬢になった女たちは、ほとんどこの手に引っかかっている。

男が春香を連れていったのは千葉の栄町だった。歌麿というトルコ風呂とは、すでに話ができているようで、彼は彼女を残して、そそくさと店を出ていった。が、春香はその日、店からすぐ逃げ帰っている。講習をするからとマネージャーにいわれ、浴室に連れて行かれた。そこで、ハダカになるように命じられたのだ。

「トルコ風呂でどんな仕事をするのか、おぼろ気には知ってたけど、いざということになったとき急に恐ろしくなって」

そのとき男は彼女を叱らなかった。そして、べつな店に連れて行く。ここでも春香は逃げた。「お前、オレの顔をつぶすつもりか」。男に顔が曲がるほど殴られた。なぜか「彼を憎いとは思わなかった、自分が情けない気がして」。とどのつまり、最初に行った歌麿で、初めて客をとった。春香が二十三歳の年だった。そのときの客がどんな男だったか、まったく覚えていない。六人の客についた。

「最初の客が恥かしかっただけ、あとのときは何ともなかった。支配人が、新人だからと客に断っていたから、サービスらしいことはしないし、できなかったけど、客に体をまかせながら、何で、こんなことしなければならないのか、それはかり考えていたみたい」

店が終るころ、男はトルコ街の入口にあるドブ川の、橋のたもとで待っていた。彼女は腰が鉛でもくくりつけたように重く、腿の付け根は燃えて熱かった。部屋にもどったが、言葉を交わすことさえおっくうで、五万円ほどあった稼ぎを男に渡すと、畳の上にへたりこんだ。

「何だ手前は、これくらいの稼ぎで大きなツラしやがって」

男の平手が春香の顔に飛んだ。そして、その日、彼女が稼いだばかりの金を引き裂いたのである。これも、ヒモが稼がせようとする女に対してかならず行うべきシツケとされている。「最初がカンジンだ。はじめにピシッと締めれば、その女に覚悟ができる。甘やかすと、いつまでたっても本気で稼ごうとしない。まずムチを与えて、ときどきアメをくれてやる」。職業的なヒモの話だが、昔からこの鉄則は変らないという。

「もうどうにもならない、そんな気持になったの。男の役に立つのだったら――、そんな甘い考えはどこかに消えてしまった。彼が憎いけど、逃げられなかったの」

男は、かならず彼女を送り迎えした。そして財布の中身を検査すると、その日の稼ぎから一万円だけ返して、あとは巻き上げる。客の入りが悪くて持って帰る金がすくないときは、素っ裸にして調べるのだ、どこかに隠しているのではと疑うからだ。春香は、母に金を送りたいと思った。そのため、普通より客に多くついたりチップが入ったとき、それを同僚のトルコ嬢に預けてヘソクリをこしらえるのだった。

トルコ嬢になって半年め、その男から逃げることができたのは、まったくの偶然だ。男は覚醒剤の中毒が進行して、絶えず幻覚におそわれていた。突然、ヤクザに殺されるとさわぎだし、千葉から逃げようといい出した。東名高速を車で走っているうち、名古屋で一泊することにして、男が旅館を探しているとき春香は逃げた。

無一文で途方にくれていた彼女を、トラックの運転手が警察に連れて行った。自殺しそうに見えたからだということだった。事情を聞いた警察は婦人相談所に送ったが、どこでどう調べたのか、男が乗り込んで来る。それを遠ざけるため三重県の津市の相談所に回され、仕事口を見つけてもらった。レストランだったが、彼女はすでに堅気の仕事に飽き足りなくなっていた。一年、レストランで働くと大阪に出たのだ。

梅田のアルサロでホステス商売に入ったが、母を安心させたくて居所を知らせた。折りかえし来たのは金の無心だった。そのころ、左官の見習いをしていた弟が、車で人身事故をひきおこし、一千万円の賠償が必要になったというのだ。

「そんなお金、どうして私にこしらえることができると思うのかしら。千葉でトルコ嬢をしていたとき、十万か二十万のお金を送ってたから、それくらいは大丈夫と考えたのかもしれない。何をして稼いだか教えてないけど、想像はできたと思うの。普通の仕事をしていて、十万円以上も送れるはずがないじゃないの。家の者まで、みんなで私を苦しめようとしている……、そう思って泣いちゃった」

春香は、またトルコ嬢にもどった。もうトルコ風呂では働くまい、そう決心していたというのだが。そして雄琴に行った。富士という店だ。千葉の店で稼ぎの良さを聞いていた。

「ちょっとでも、この商売をやってしまうと駄目。いくら堅い決心してても、困ったことに出合うとそれを忘れてしまうの。どうせ、一度はやった仕事なんだからいまさら――、そんな気持になるのよ。もし、トルコ嬢の経験がなかったら、いくら家の人が困っていても、私は雄琴に行かなかったと思う。遠く離れてるのだから、眼をつむっていることだってできたはずよ」

その当時、ひと月に百五十万円ほどの収入があった。そのなかから五十万円、親に送金することにして、以来、それを欠かしたことはないという。それでもときどき、いろんな理由をつけては、余分な金を無心して来る。

「千葉の家には帰ったことがないから、どんな生活なのか私は知らないけど、どうせろくなことはしてないでしょ。あの男は相変らずらしいし、弟は左官の仕事だというけど、女とのゴタゴタで金が要るといってくる。妹はグレて覚醒剤で保護観察中。何のために金を送ってるのか、自分でも不思議になる。どんな思いをしながら稼いだ金か、いっそブチまけてやろうかと考えるの。案外、わかってるかもしれない。もしそうだとしたら私、ものすごく惨めだと思う」

結果として、彼女の身を削った金が一家を狂わしていることにならないか。土地を買うためにと、別に送った金さえ弟が使い込んでいるという。

「それがわかっていても、放ったらかしにはできない。トルコ嬢をしてるかぎり、私はお金を送りつづけると思う。自分の気休めかもしれないけど、見捨ててしまうことができないの」

雨のそぼふる夜、魔がさしたように部屋に誘った男は、いつの間にか彼女の稼ぎをあてにする怠け者になってしまった。妻も子供もいるのに、その家にはほとんど帰らず、仕事も休みがち、まったくヒモの有様である。はじめのうちは、彼のやさしさがあたたかく自分をくるんでくれるようで、そんなところにひかれていた。しかし、ヒモになってしまったその男からは、すでに心のやすらぎを得ることはもはやなかった。出逢いが悔まれるだけなのだ。

「たしかに、彼をダメな男にしてしまったのは私です。勝手なことだけど、はじめのうちは自分だけのものにしておきたかった。だから、四日目ごとに大阪から雄琴の店まで彼が迎えに来て、つぎの日は一日じゅう、いっしょに暮すことにしていたけど、それだけでは我慢できなかったの。毎日、迎えに来てくれとせがんだわ。何回も旅行したのは、その間だけでも彼といたかったからです。十日間も九州を歩き回ったこともあるけど、旅の終りがとっても悲しかった」

男の妻のところに押しかけたこともある、彼を自分に寄こせと談判のためだ。逆上した春香は、手近なところにあった包丁をふりかざしたため、警察ざたにさえなっている。

「いまになってみると、どうしてそんなことをしたのかわからない。せっぱつまった気持で、彼だけを求めていたらしいの。バカみたい」

トルコ嬢のヒモに対する気持には、春香がいうような、せっぱつまった求めかたが認められる。ちろりん村のトルコ人種専用マンションは、どれも一回や二回、ガス爆発の事故を起こしている。居住者の不注意によるものではない、そこに住んでいるトルコ嬢が自殺を図ったからだ。自殺しようとガス栓を開き、ベッドの上で死ぬのを待っていたが、いつまで経っても何ともない。自殺をやめることにして、まずタバコを一服、とたんに爆風に吹き飛ばされていたというのもある。

自殺しようとする彼女たちの全部がヒモ持ちだ。そのマンションで同棲中に限られている。死にたくなった理由のすべては、ヒモの浮気に原因している。ほかに女をこしらえたからだ。どうせ、彼女が体を張り、辛い思いに耐えながら稼いで来た金をあてにしている男だ。かわりはいくらでもいそうな気がするのだが、当の彼女にとって、やはりかけ替えのない大切な恋人らしい。

哀れだと感じるのは、自分を裏切った男を道づれにするのがいないことだ。ほとんどが遺書も置かないで、一人だけで死んでいこうとする。

それに、女の意地もある。ちろりん村のような、トルコ人種だけが集落をこしらえている場所では、ことのほか、その意地が働くと見ていいだろう。村のヒモ諸氏は、他のトルコ地帯、札幌の薄野や千葉の栄町、川崎・堀之内などにくらべると、非常にオシャレと見うけられる。昼間からホスト・クラブのホスト然として、一分のスキもないスリーピースに身をつつむのもいれば、一見、ラフに見えてもスポーツシャツからサンダルまで、すべて舶来高級品。ライターや時計など小道具をあわせて、さながら世界の一流品の移動展示会である。

というのも彼女たちの意地がそうさせる。恋人に身すぼらしい格好をさせては自分が恥かしい、だれにも負けないようにと競う結果、この村で孔雀革命が始まった。そのせいだろう、大津市の書店では世界の一流品の写真をならべたムックがベストセラーといわれ、京都の河原町あたりにある高級洋品雑貨店は、村の住人が大のお得意様だ。

しかしそれも、彼女たちのせっぱつまった、男に対する心根のせいといえるだろう。そして、そのせっぱつまりかたが、彼らをダメな男にすることはたしかだ。稼ぐ金が大きいのにまかせて、飼い殺しにしようと心掛ける。男が仕事をもっていると、彼女はそれを辞めさせようとする。自分だけのものであってほしいからだ。自分だけを待っていてくれる彼を望む。それに、いくら勤労意欲に燃えている男でも、水商売でないかぎり、スレ違いの生活で恋人との両立はむつかしい。

二者択一をせまられ、恋人の生活を選んだのがヒモになる。不思議なことにトルコ嬢が恋人にしようとする男は、きまって無気力な怠け者の素質を潜在させているようだ。将来に希望を抱いているような覇気に満ちた男を恋人にすることはまずない。どこか、はぐれ者的だ。そこに彼女たちは母性本能をくすぐられるのかもしれない。

「頼りがいのあるところを見せてはダメだ。何となく田舎っぽくて、人間としては欠陥がありそうで、そのうえどこか淋しい感じが大切なんだ」

かつて、ちろりん村の住人で、もっとも多いときは七人のトルコ嬢のヒモを、同時に務めたという人物が説明する。トルコ嬢の引っかかりやすいヒモをあらゆる点で象徴するような男だ。彼は自分のヒモ稼業を、ひとつの企業だという。たった一人のトルコ嬢のヒモをしているのは、零細な家内工業のようなもので、企業といえないそうだ。

さすが、七人もいたときは肉体的にも精神的にも、苦労が大きかった。ちろりん村に二人、そのほか大阪、和歌山、広島などに残りの五人を分散のかたちで、トルコ嬢たちにヒモをくくりつけてある。離れているから、見えないヒモのリモートコントロールだ。それぞれのトルコ嬢たちには、ほかにも女がいることを匂わしてある。ただし「お前だけは別物」を強く印象づけておく。この男は日大の芸術学部演劇科を卒業したと称しているだけに、口説きの台詞は堂に入ったものらしい。

「淋しい女ばかりなんだから、ツボさえ抑えれば簡単なものですよ」

彼はいうのだが、雄琴のはべつにしてほかの地方は、週に一回ずつ訪問する。集金旅行のようなものだ。そのとき彼の演技が説得力を発揮する。決して、世界の一流品展示会のようなスタイルでは行かない。何となく、くたびれた服装で、彼女がプレゼントしてくれた、高級品のライターや時計だけは身につけておく。彼のほうから口に出しては何もいわないが、彼女が勝手に想像してくれるのだ。「もう一人の女は、あまり面倒見がよくないのだわ、可哀そうに。それにしても、私がプレゼントした物だけ大切にしてくれて」。

そして彼は熱烈求愛、痴戯のかぎりをつくす。これにもコツがあるそうだ。

時間をたっぷりかけて、あくまでもソフトタッチ、気長に彼女の官能を目覚めさせる。そして、オンナとしていかに優秀であるかをほめちぎりながら、すくなくとも前戯と後戯の間を含めて、五、六回は絶頂に行かせる必要がある。そのため、男性の部分に真珠を埋めたり、ヨヒンベの調剤を常用するなど、苦労するのだ。

企業的ヒモは日本経済新聞の愛読者だ。経済動向、株の値動きなどを注意して、ヒモをくりつけてあるトルコ嬢に、投資のアドバイスをするためだ。そのほか、不動産投資の相談にものってやる。彼女の郷里のそばに出物の土地がないか、調査の労は惜しまないのだ。母性本能を満足させ、女としての歓びとそして財産づくりのコンサルタント、「結局は、彼女のタメになる男になることです」ということだ。

もちろん、一人だけの女にのめりこんでしまわないことが絶対条件だ。無気力、怠け者にはできないことで、そこが家内工業的ヒモと違って、ヒモの企業化を可能にしているのだ。彼が一人のトルコ嬢から得る報酬は一週十万から二十万円。地域的条件で金額に相違がある。雄琴は一等地だから二十万円。あわせて月に四百万円を超える。

この企業的ヒモ氏は東京の吉原からちろりん村にあらわれた。あるトルコ風呂のボーイを勧めていたが、やがてヒモ専科。それを企業化したという。実は、覚醒剤中毒の前科があったので、その種の人間に独特な誇大妄想と、話を半分以下に聞いていたのだが——。彼が村から姿を消して一年目、伊豆の温泉場でトルコ風呂の経営者に納まった。出世の晴れ姿を目の前にして、私はようやく彼の話を信じることにした。企業的ヒモ時代の蓄積が資本金になっていたからだ。

普通のヒモの場合、ほとんど生活に計画性がない。それがヒモの本領というものだろうが。仲は永続きしないで、女が男に飽きて逃げ出すか、三下り半をつきつける。

話し合いで別れる場合は手切れ金を伴う。もちろんトルコ嬢がそれを出す。退職金のようなもので、ちろりん村の場合はわかっている範囲で、三百万円から最高、現金を千五百万円に高級国産車をそえたのまで。

彼女に逃げられたとなると男は必死だ、簡単にあきらめたりはしない。自分で当りをつけて探し歩くだけでなく、彼女の友人関係にさぐりを入れて情報収集に努めたり、このときばかりは見違えるほど意欲的だ。場合によってはヒモ仲間を通じて、写真を主だったトルコ地帯に回したりするのだ。ちろりん村でも、よそのトルコ街から逃げ出した女を追って、写真を片手の男がトルコ風呂を訪ね歩く、という光景を見ることもある。

女に逃げられた男は、金ヅルを失い路頭に迷いかねないだけでなく、意地もあるからだ。「こんな男に誰がした」の恨みも強いらしい。勤労意欲を強制的に喪失させたのはだれだ、というものだ。ことに、正業をもっていてヒモに転向させられた男ほど、恨みは果てしない。

春香の男は、運転手の仕事を完全に辞めたわけではないが、休むことのほうが多くて、ようやく会社に籍をおかしてもらっているようなものらしい。おまけに家庭にあっても、ほとんど他人の扱いだ。バーを経営している妻にとってそんな亭主は、すでに関心の外にある様子。「いまさら別れてくれろなんて、いったいオレはどうなるのだ」ということである。

彼女が男に別れ話を持ち出したのは、出逢いから一年ほど経ったころだ。せっぱつまった思いが激しかっただけに、燃焼の速度も速かった。気持が冷めてくるのにつれ、自分がやっていることへの反省がつのってくる。「こんな男を飼って、将来、どんなプラスがあるのだろうか」と考えてしまう。もう年齢も若くない、そろそろ仕事から足を洗う時期が近いというのに……。

「せめて、もうすこし前向きに、私との生活を考えてくれるのだったら」と、春香は男の思いやりのなさを口にするのだが、二人の出逢いのときの彼女の勝手さ加減はどうなのか。その点、自分でも十分に承知しているようだ。

「あの人を自分だけのものにしたくて、がんじがらめにしたのは私です。そして、たしかに彼はそのとおりになってくれたけど、こんどは、そんな彼のなかに別なものを求めはじめた。現実的な、男としての価値だったのですが、とうてい、それは期待できないこと、と感じてから、急にどうしようもなくあの人が嫌になってしまった」

月に三十万円が二人の生活費だ。彼はその範囲で家賃を払い、一日二回、食事の仕度をする。掃除と洗濯をそつなくやってのけ、理想にちかいハウスキーパー振りだった。京都市内の山科から雄琴の店まで、彼女が買ったニッサン・グロリアで送り迎えするのも役目だ。そして週に二回ほど大阪に帰って、タクシーの運転手の仕事をしてくる。それは働きたくてというより、一種の気晴しのようなものらしかった。競馬や競輪をやるけど、無茶な張りかたをするほうではない。小遣いとして、月に二、三十万円くらい彼女に無心するていどで、ヒモとしては無難なタイプといえそうだ。

彼女は、将来の生活設計を彼に求めたかったらしい。ところが、その反応がほとんどないのだ。いうところの、男の価値のなさをそこに感じたらしい。もっとも彼にしてみれば、亭主失格のようなものだが家庭はある。春香との仲は便宜的に過ぎなかったかもしれないから、生活設計といわれても積極性をもてないのが当然だろう。

別れ話が出て、急に彼が変った。嫉妬深くなったのだ。店の仲間と飲みに行く約束をしても、それを許さない。ほかに好きな男が出来たのではと邪推するからだ。いままでだったら、仕事が終る時間を測って適当なころ合いに迎えていたのを、相当に早い時間から待っている。予定より遅れると怒る。自分から進んでサービスの時間延長をしたのだろう、というわけだ。疲れた表情も禁物である。「お前、仕事を忘れて客と本気になって遊んだからだ」。うじうじと虐《いじ》めにかかる。

とうとう彼は稼いで来た金の管理まではじめた。ぜんぶ取り上げてしまう。預金通帳も取りあげた。逃亡を防止するためらしい。逆らうと殴る蹴る。青あざをこしらえたこともあるくらいだ。そのうえ、毎日のように彼女の体を求める。恐ろしいほどの執念をこめて責め苛《さいな》むのである。彼女にとって、苦痛以外の何物でもなかったという。

「店に出てお客さんの相手をしているときが、とっても楽しかった。イヤなことはぜんぶ忘れることができるから」

そのせいだろうか、彼女を指名する客が増えて、一日のほとんどを予約で埋めたくらいだ。春香は美人とはいえない顔立ちだ。眼が細くて、アイシャドーの濃さでそれをゴマ化すほどだ。しかし、プロポーションは素晴しい。胸と腰の型と脚線が美しい。何年もトルコ嬢の仕事を続け、年齢は三十歳にちかいのに、まったく疲れを見せない体つきなのだ。

無口で、ほとんど会話をしない。それは、彼女の内側にあるもののせいだろうが、どことなく哀愁の雰囲気がある。たまさか笑顔を見せる、それが透き通るような邪気のなさで、男心を締めあげる効果を想像できる。

「自分の体を変だと思うことがあるの。仕事だと思っても、それを忘れやすいの。いつの間にかサービスしていることに、自分からのめりこんで行こうとする。そうなったら、もう抑えることができない」

　このことは彼との生活に、うとましさを覚えはじめてからだ。男が嫉妬にかられ、彼女の体に執念のような苛みかたを加えるようになって、よけい、それを抑えることがむずかしくなったらしい。

「このまま、死んでしまいたいと思うくらい、お客さんに迫ることがある。そのときだけが、生きているという幸福感を本当に感じさせてくれるからじゃないかしら」

　春香は、言葉の中身とはまったくうらはらな、透き通った笑顔を見せながら話す。男から逃亡を試みたのは、別れることを思い立って一年経った五十四年、預金通帳も車もいっさいを残したまま、姿を消した。しかし男が、千葉の母の家にまで手を回したことを知って、もどらないわけにはいかなかった。二カ月ほどの家出におわったのである。

　それからも二回、逃げ出してはすぐ帰っている。男が諦めてくれることをそのたびに願ったが、意地にかけても、彼は別れるのに同意しないという。

「何のため、自分が生きているかを、考えることもなかったのに、いまごろそれを思うようになった。遅すぎたらしいわ、もうどうにもならない。いっそのこと、母や弟たちのことを忘れて、自分一人だけで生きるのを考えたらと思っては見るけど」

春香は、また姿を消した。彼女の話をもっとくわしく聞きたくて、再会を約束したのだが、その日、連絡がなかった。ニュー上海に問い合わせても、長期欠勤のままだという。そして、突然、彼女から電話があった。

「私、もうすべてに疲れてしまった。親や弟妹を忘れて、一人で生きて行くことにします。それにも疲れたら……。何とかなると思います。トルコにだけは、もうもどりません。私、決心しましたから。約束を破ってゴメンなさい」

私の問いかけをさえぎるように、それだけしゃべって一方的に電話を切った。どんな事態が彼女の身の上におきたか、それをたしかめたい気持もあったのだが、せめて、「もうトルコ風呂には絶対にもどるな」と励ましてやりたかった。以来、彼女が働いていた店にも、一切の連絡が絶えていると聞く。

ちろりん村・午後8時

沙お理は、アルコール臭い息を客にはきかけまいと、その日は呼吸をつめどおしで苦しい思いをしていた。前の晩といっても、仕事を終えた午前三時ごろから、朝の六時すぎまでいつもよりピッチをあげて、三人の仲間とウイスキーのボトルを三本も空けている。夕方になっても酔気が抜けない。せめてアルコールの匂いだけでも消そうと、パック一本分の牛乳をガブ飲みしてみた。効き目がなかったどころか、腹具合がおかしくなって気分も落ちつかない。

前日は、四時出勤の遅番だった。遅番の日と公休の前夜はいつも飲むことにしている沙お理。仕事が終ると京都までタクシーを飛ばす。祇園の花見小路あたりの、夜通し飲ませてくれる馴染みのバーやスナックで、空が完全に明るくなるまで居座るのだ。一人だけで飲むことはほとんどない。おなじ店のトルコ嬢や男のスタッフといっしょだったり、よその店で働いている友人のトルコ嬢とのときもある。ちろりん村の連中がよくやることだ。おなじ商売の仲間同士がグループで飲み歩くのは、よそのトルコ地帯にほとんどない、この村だけの独特な風習といえそうだ。連帯意識がそれだけ強いのかもしれない。

いまのところ沙お理がよく連れだって飲み歩くのは、トルコ・鹿之介の菊之介という、以前におなじ店で働いたことがあるトルコ嬢だ。そのころ菊之介に男がいたのだが、しばらくよそのトルコ地帯で働き雄琴に再び戻って来たとき、その男の姿はなかった。タバコを買いに家を出たまま、男はそれっきり帰ってこなかったというのだ。定期預金の通帳とハンコも消えていた。

彼女は沙お理が働いている仏蘭西館で、いっしょに勤めたいようだったが、この店は細身のプロポーションのトルコ嬢ばかり揃えていた。すこし肉付きが良すぎる彼女は、仏蘭西館の大林という部長の紹介で、鹿之介で働くことになった。

なるほど体格に似合った酒の飲みっぷりは豪快だ。ちろりん村の酒豪列伝を誌すとしたら、まず筆頭だろうといわれている。たとえば沙お理と二人、公休日の前夜から飲みはじめて、午前七時ごろいったん家に帰り、ひと眠りしたあと、また夕方から出かけてつぎの朝まで飲む。休日の二日目もそれを繰りかえしても、菊之介はちゃんと出勤している。沙お理ははたして宿酔で店を休むという具合である。ちなみに、これまでこの二人の最高記録は二日半の間にウイスキーとブランデーを八本と半分。「男も金もいらないけど、飲みたいだけ酒を飲める身分になりたいね」が、彼女たちの口グセである。

酒を飲むとき、仕事場の話はしない。もっぱら昔ばなしの繰りかえしだ。何軒かハシゴをかさねながら、生れ故郷のこと、むかしの生活、そしてそのころ交渉があった男たちの話。行きついた店ごとに飽きもしないで、話を続ける。自分の過去を飾ろうとはせず、何をいまさらとあけすけに話す。ひたすら、むかしの自分をなつかしんでいるわけでも、現在の境遇を諦めているのでもないのだから、なんとも不思議な光景だ。「お互いにバカなことばかりしてきたわね」。この台詞を聞くと飲み会もお開きだ。体を支えあいながら夜明けの街に出る。

ちろりん村の連中はパーティー好きだ。飲むための口実をこしらえる意味もあるだろうが、職場ごとにときどき行うボウリング大会や水泳大会のあとはかならず京都に繰り出してパーティーだ。誕生パーティーはしょっちゅうやっている。私は、沙お理が主賓のそのパーティーに出席したことがある。京都市内の山科で元トルコ嬢がスナックを経営している。それを借り切って午前三時からの開宴だ。毎月、第三木曜日に決められた、雄琴の全店休業日でないかぎり、この時間でないと店の全員が揃わないからだ。

社長は、金一封を寄付しただけで姿を見せなかった。みんな、そのほうを喜ぶらしい。もちろん菊之介も部外参加で駆けつけている。心づくしのプレゼントを沙お理に贈って、大林という部長が挨拶に立つ。実は、私にとっては彼がどんな祝辞をのべるか、大いに興味が深かった。生涯消し去ることは難しいだろうと思われるトルコ嬢の烙印、そんな境遇の彼女に何といって誕生を祝うのだろうか。「どうもどうも、何となくお目出度う、では乾杯」。これだけであった。期待外れだったが、反面ホッとするような気持だった。主賓の答辞はなし。そのまま歓談と痛飲の風景。午前六時ごろ、宴が果てるとき沙お理が立って、呂律の回らない口調で挨拶した。「私、とってもしあわせよ」。だれかが、ハッピーバースデーの歌を口ずさんだ。その歌の輪が広がって私も唱和しながら、宴が始まったときの自分を恥じるのだった。

昭和二十八年、北海道の札幌市で生れ育った。父は会社員で母が保母、姉と弟が一人ずつという、ごく普通の家庭環境である。高校を中退して市内の看護婦学校に転校した。

「白衣の天使にあこがれたの。社会の役に立つような仕事をしたい、本気にそう考えていたのよ」

沙お理は、それを思うと、いまの生きかたがとても現実とは考えられなくなってくるという。

「でも、いまの仕事だって看護婦とおなじようなものね。奉仕の精神を要求されるし、場合によっては人間の体を、単なる有機感覚の集合体のように考えなくちゃならないのだから」

看護婦学校を卒業すると、准看護婦の資格をとった。

ちろりん村が誕生したのは彼女が十八歳、看護婦学校の二年生のときだった。

「知らなかったわよ、雄琴にトルコが出来たことなんか。薄野《すすきの》で看板を見てトルコ風呂の存在は知っていたけど、興味がないから、どんなことをする場所か、考えてみもしなかったわよ。そのころ、ひとつ年上のボーイフレンドができて、中島公園のスケートリンクでデイトしてた。そのあとディスコに踊りに行って、寮の門限が九時だったけど、一週間に三回は遅れて帰ってたの。とっても楽しかった、いま考えても、私の人生でイチバンの時期じゃなかったかしら」

その彼とは一年半の交際で、キッスを交わすだけの仲だった。

「私はオク手だったのよ。キッス以上のことをするなんて、とっても考えられなかった。ペッティングだって恐ろしいと思ってた。看護婦学校の同級生なんか、ボーイフレンドとバカバカやってた。私、まともにお嫁に行きたいと思って……。それが、いったん男を知ったとたんに、まるで狂ったみたい。別の男とダブって付き合うし、あげくに追っかけ回して、トルコ嬢にまでなってお金を貢ぎはじめる。私、やっぱり淫乱な女かしら」

キッスしか許さなかったボーイフレンドの友人が、彼女の初めての男だった。五歳ほど上で、薄野のクラブに勤めているだけあって、洗練されたオトナを感じさせた。「ボーイフレンドを入れて三人、羅臼の海岸に行ったとき、ボーイフレンドの眼を盗んでやっちゃった。男っぽくてカッコが良かったし、初対面で好きだと感じてたから、彼に抱かれるとすぐ体が反応して……。痛くも何ともなかったわよ。無我夢中であまり覚えてないけど、ホットパンツをはいたままだったような気がするの。だって、パンツが破れないか、それを心配してたみたいだから」。

沙お理は、そのことがあったあとしばらくして、キッスだけのボーイフレンドにも体を与えている。「彼、友人と私とのこと知らなかったわよ。だって、そんなこと教える必要はないもの。でも、何となく不公平な気がして、気の毒な感じだったし、好奇心もあったからなの。初めての彼とセックスを比べてみたいような……。ろくすっぽ知らないくせに、私って生意気だったと思う」。そして二人の男と、交互に交渉をもつようになるのだが、「するたんびに、どんどん良くなっていくのよ。はたち前なんだから、トルコ嬢仲間の誰に聞いても、良くなるのが早すぎるというのだけど、本当だから仕方がないわ。そのうち、どっちか一人に決めようと思って」、年上のほうを選んだ。「五つも年が離れてるのだから、頼り甲斐があるように思えたし、クラブで働いてるだけにスマートに見えたからよ」。

学校を卒業、病院に勤めはじめるのと同時に、その男と半同棲。週のうち三日間、六畳一間、モルタル造りのアパートに転がりこんでいた。蒲団が一組あるだけで家財道具は何もなし。実家から鍋と電気釜を持ち出して、ママゴトのような自炊。半年ほどそんな生活をしているうちに、いつとはなしに男のアパートで泊る日のほうが多くなった。

沙お理が札幌から出たのは単純な理由だった。新聞広告を何気なしに見ていたら、横浜の総合病院が看護婦の募集をしている。

「東京にちかいことが魅力的だったの。彼も、川崎に友達がいるから仕事は何とかなりそうだというし、すぐに横浜に行くことにしたわ。気軽なものよ。そのとき、いちおう父に相談してみたのだけど、例によって、いいでもなければ悪いでもなし。勝手に男と同棲してるような娘なんだから、もう、どうでもいいと思ってたのだろうけど。母は心配して、あれこれいってた。でも、決心しちゃったのだから。とにかく内地に行けば、いまより楽しい人生がひらけるだろう、そんな期待で胸がワクワクしてた。不安なんかこれっぽっちもなかったみたい」

トルコ嬢の多くがそうだったように、沙お理も父親不在を訴える。それが自分の不幸のはじまりだったとさえいうのだ。父親は真面目一方のサラリーマンだったが、姉や弟にだけ愛情がむけられて、自分は無視されっぱなし――、彼女はそう信じ切っている。幼いころ、父の膝に抱き上げられた覚えはまったくない。うれしかった記憶はたった一回、小学二年生の誕生日にスキーを買ってもらったとき。

娘時代にも親身の話しあいを知らなかった。相談をもちかけても上の空で聞き流しているようだ。男と同棲して、たまに家に帰ることがあっても、彼女を叱るどころか言葉さえかけようとしなかった。だから、というわけではなかろうが、沙お理はトルコ嬢になって以来、家とはまったく音信を絶っている。「たまに、私を心配してるのじゃないかしら、そんなことを考えるけど、父だけは、私なんか忘れてしまってるでしょう」。淡々とした言葉の調子で彼女はいうのだが。

「でもね、私の心のどこかに、父親にあこがれる気持はあるみたい。ちょっと年輩のお客にやさしくされたりすると、鼻の奥がツーンとするような感じがして、涙もろくなるみたい。甘えてみたくなっちゃうけど、仕事が仕事でしょ、しつこくされちゃって、すぐ幻滅よ」

ここにひとつの資料がある。雄琴の特殊浴場協会が、五十四年暮れに調査したものだが、登録したトルコ嬢、五百三十六名に関する出身地別の人数だ。未登録が十五パーセントはあるものと推定されるので、実数はもっと多いと思われるが、比率数値はあまり変化しないと見ていいだろう。

北海道の出身者が四十三名、全体の七・六パーセントで第一位を占めている。そしてこの比率は他のトルコ地帯（九州と北海道を除く）でも、ほぼ同様なのだ。九州と北海道を除いたのは、この両地方ともトルコ嬢は地元出身者で占められているからだ。それだけに全国トルコ業者にとって、九州と北海道はトルコ嬢の絶好な供給源とされている。そして、雄琴の四十三名のうち、はじめからトルコ嬢として内地に渡ったのは十名。残り三十三名はホステス、店員など他の職業を求めて北海道を離れている。沙お理も内地に行けばと、期待して北海道をあとにした一人だったわけだ。

参考までにちろりん村の出身地別ランキングを紹介すると、第二位は東京で三十名、三位が福岡の二十八名、四位は大阪、二十七名。そして、京都は五位で二十六名とされているが、滋賀の十一名と同様、トルコ嬢が居住地を移しているためで、出身地というものではない。したがって正規の五位は愛知の二十一名になり、全国、すべての都道府県の出身者が揃っているのだ。もっとも少ないのが栃木と群馬の各二名。地方ブロック別の第一位は九州で百九名、二位が関西百名、三位は関東で七十五名。

沙お理が内地に渡ったのが四十七年九月、横浜に近い保土ケ谷に勤務先の病院があった。はじめのうちは寮生活だったが、暮れになってから彼が来たのでアパートを借りて、本格的な同棲をはじめた。しばらく様子を見てからということで、男はタクシーの運転手になった。

「できちゃったの、つぎの男が。病院の仕事が終って部屋に帰っても、彼がいないときのほうが多いでしょ。勤務の都合でしかたないと思うのだけど、何となく淋しかったし。つい、私のほうから手を出しちゃったんだな、それが。友達同士の仁義に外れるとかいって男は困ってたけど、やっちゃったあとなんだから、どうしようもないわよ」

川崎にいるといっていた彼の友人だ。紹介されて一カ月も経たないうちにというから、彼女自身、あきれるのも当然だろう。それから二カ月ほど、沙お理のいうダブった関係を続けていたが、これも彼女の口をかりていうならば、良心の呵責に耐えかねて、彼に告白した。「男の友情って、素晴しいものだと思ったわ。だって『本当にこの女が好きなんだったら』のひと言で、話がつくんだもの。これが本当のキョーダイジンギね」。

三者会談の結果、友人に円満移譲で決着をみた。前の彼と同じ年だったが、もっと都会的に洗練され、気風《きっぷ》もいいように見えた。「それに、抱かれるとすぐ夢みたいな気持になるの。初めて、本当の女の歓びを教えられたみたいだった」というのだが、それも道理だろう、男には妻がいたのだ。しかも、札幌の薄野から川崎の堀之内と渡り歩いた、ベテランのトルコ嬢だ。しばらく後で沙お理はそれを知らされた。

第三の彼は、堀之内のトルコ街でスナックを経営している。彼女はその店でバイトのホステスになった。男の妻に張り合う気持がそうさせたらしい。

「女房がいたのは、仕方がないことだと諦めた。そのかわり、私は負けたくなかったの。彼と一緒にいる時間も長いほうがいいと考えたし、体のことだってそうよ。彼に満足してもらいたくて、いろんな工夫をした。いまになってみると、子供じみているようで、笑い出したくなるみたい。だって、お客さんのサービスをするんじゃないのだし、こっちが素直に悦べば、彼も満足してくれることを知らなかったの。トルコ嬢はいろんなサービスをするものだと聞いてたから、そんな商売をしてる彼の女房に、絶対、勝ってやろうと思って」

彼が妻との交渉がもてなくなるように、ひと晩、四回も、五回も求め続けるのは珍しくなかったという。

「考えてみると、私、淫乱だし、先天的にトルコ嬢の仕事が性に合ってたみたい」――が、トルコ嬢になったのは、一年間ほど東京の新宿でクラブのホステスをしてからだった。看護婦の給料くらいでは彼の歓心を買うのはむつかしい。歌舞伎町のシーサイド・パレス、新宿では指折りといわれる高級クラブで働く。男の女房に経済の面でも負けたくなかった。トルコ風呂のほうが収入のいいことはわかっていても、そこまで堕ちる気はしなかった。沙お理は、トルコ嬢になることを堕落だという。トルコ嬢からこのことばを聞いたのは、彼女が最初で最後である。

「だってそうじゃないの、自分の体をお金に換えるのだから、堕落じゃないというほうがおかしいわよ。でもあとで考えたことだけど、詭弁でいいからこじつけて、けっしてそうじゃないんだと、自分に言い訳するうちが花ね、かわいらしい。馴れきっちゃったら本当の堕落がはじまると思うの。私、そうね……、酒くらって酔っぱらってばかりいるのは、言い訳してるようなものじゃないかしら……。こんないいかた、気《き》障《ざ》だから取り消す」

歌舞伎町のクラブに通勤しやすい場所に、2DKのマンションを借りた。たとえ二部屋しかなくても、コンクリート造り、エレベーター付きマンション住いで高級クラブのホステス。「いくら札幌が大都会だといっても、東京とは月とスッポンよ、何だか出世したみたいな気持になって、私って田舎者だったのね。そして、彼の女房に差をつけたつもりにもなっていた」。

沙お理が差をつけたと思うのは当り前だ。男は、ほとんど彼女のマンションに入りびたりだったが、それも永くは続かない。トルコ嬢をしている彼の妻が沙お理の存在を知って、マンションに乗りこんで来た。

「とうとう踏みこまれたか、だったら、反対に開き直ってやろう。そう思ったのに出鼻をくじかれちゃった。だって、男の女房は彼よりふたつも年上だというのに、とっても控え目な態度なんだもの。自分がトルコ嬢になってからわかったけど、堅気の女には一歩しりぞく気持になるのよ。おなじ水商売でもトルコ嬢から見たら、ホステスは立派な堅気さんの部類に入るの。とにかく参っちゃった、『うちの人が御迷惑をおかけしまして』なんて、厭味でなくアイサツされちゃったのだから」

話がこじれたらブン殴ってやろうと、電気掃除機のパイプを外して、テーブルの下に潜ませていたというから勇ましい。幸か不幸か、ちょうどそのとき男はいなかった。結局、彼とは別れることに話は落ち着いたのである。

「だってね、彼の女房がいうのよ、『私はあの男と正式に離婚するから、あんたも別れてくれないか』って。さんざん苦労させられ、愛想をつかしかけていたところだから、熨斗《のし》をつけて差し上げてもいいけど、それでは女の意地が許さない。彼女の話を聞いてるうちに私も気持が冷めてきちゃった。いくら熨斗をつけるったって、人が愛想つかした男を、うれしがってもらえるわけないわよ。それこそ、私も意地が許さない」

自分でも淫乱な女と認めているだけに、後釜の男をこしらえるのは早かった。彼女が働いていたシーサイド・パレスの客だ。一週間に二、三回は取巻きを四、五人連れて来て、ひと晩に二十万円も使う豪勢さだ。社長と呼ばれていたが素性はわからない。そのころ、石油ショックによる慢性不況のきざしは見えていても、金使いの荒い、得体の知れない客が新宿あたりの高級クラブに多かった。その男に口説かれ、コロリと参ってしまう。

「二番目も三番目も、私って格好の良さにひかれて、結局はつまらない思いをしたことになってるの。そんな失敗はやめようと自分に誓ってたから、口説かれたとき、すぐ話にのっちゃった。それに、一週間も男なしで暮してたんだもの」

風采はあまりスマートではなかったが、沙お理としては花より実をとったことになる。半年、その男と同棲する。社長と呼ばれ、ひと晩に二十万円も散財する身分だが、いつの間にか彼女のマンションに居ついてしまう。

「変だと感じたけど、居心地がいいからだといわれるとうれしくなっちゃって……。お手当はくれなかったし、もらいたいとも思わなかった。そのかわり、お店に来て売り上げ協力してくれる。ホステスの仕事に一所懸命だったから、私にもそのほうが都合よかったのよ」

男がヤクザで、S会の幹部ということを知ったのは、店の勘定がとどこおりがちになってから。現金払いは同棲をはじめて二カ月くらい、それ以後はサインで帰るようになった。そして、支払い期限内に決済してくれたのは一カ月分だけだ。あとの分は、もうすこし待ってくれというばかり。サイドとこの業界で呼ばれている、飲食日から四十五日の期限内に客から支払いがないとき、指名のホステスが立て替えて店に入金しなければならない。もしそれが不可能な場合は、彼女の給料から差し引かれるのだ。

沙お理の男は、支払いが渋くなってから飲みかたも控え目だったが、それでも一カ月を通算すると七、八十万円、彼女が立て替えて店に入金した。指名してサインで帰る客はほかにも多少いたが、支払い状態は悪くなかったので、その分だけでも沙お理は助かっていたのだ。しかし、やがて彼女にも立て替え能力がなくなった。毎月の収入が三十万円から四十万円ていど、ホステスになって日が浅いし、衣裳代がかさむので、貯金をするにもタカが知れている。

ついに給料から差し引かれるはめになり、受けとった月給袋に入っていたのは領収書と小銭だけ。うわべは華やかだが裏に回るとホステスの扱いは、高級クラブほど情け無用の感じだ。彼女たちの高給は、そんな危険負担が含まれているからだろうか。
「私だけじゃなかったわよ、しょっちゅうピーピーしてるのは。座るだけで二万円も三万円もとる、高級クラブのホステスで御座いますといったって、財布の中身は千円札ばかり。お客にたかって食事代を得しようというのが多いのよ」。

客の勘定の立て替え入金に追われるからだ。トルコ風呂のスカウト・マンが東京や大阪の、高級クラブ密集地で暗躍していると伝えられるのは、そんなところに理由がある。ヤクネタ、つまりクラブ業界用語で、勘定を焦げつかせた客のことだが、それを背負って身動きできなくなったホステスを、トルコ商売に誘い入れようというもの。いちおうもっともらしく聞こえるが、専門のスカウトの存在は疑わしい。彼らのメリットを考えられないからだ。

むかしの遊廓ならいざ知らず、トルコ風呂には前借金の制度がなく、身代金で女性を縛ることも許されていない。キャバレーやクラブにはバンスと称する、前借に類した陰の制度があっても、トルコ風呂の場合は特にきびしく律せられている。売春の管理を問われるからである。だから業者も、あえてその危険を冒すことはしない。それに、万一、金を貸して踏み倒されたときの文句のつけようがない。
「冗談じゃないですよ、トルコ風呂は女郎屋じゃないのだから」

ちろりん村のある店の営業部長が怒った。東京に出たとき飲みに行く銀座のクラブで、その店のマネージャーから耳よりな話を聞いた。トルコ嬢になりたがっているホステスのことだ。さっそく紹介をうけて面接。若いしプロポーションも抜群の美人、売れっ子になること疑いなしだ。ふたつ返事で引き受けようとしたら条件があるという。一千万円の前借金と一割の仲介料を要求された。

「銀座は女を金縛りにして働かすのが常識かもしれないけど、トルコ風呂は、そんな前時代的なことはやってない。そう啖呵《たんか》をきってやりましたよ」

この部長、沙お理が働いている仏蘭西館の大林という男だ。「トルコにはバンスがないのですか」とクラブのマネージャーは不思議そうに聞いたという。

バンスがなくても、高級クラブのホステスからトルコ嬢に転向のケースは増えている。慢性不況が腰を据えはじめてからの傾向だ。従来、この種の店の常連だった大手企業が、社用接待の枠を大幅に縮める。客の顔ぶれが変って得体の知れない連中が、高級クラブの客の主流。信用にいささか心もとない点があっても、背に腹は替えられないからいちおうは歓迎する。そして支払いの期限が来てみると、厭な予感が見事に的中、というケースも珍しくないのだ。

たとえば、ダイヤモンド・クラブで働く、ラブという名のトルコ嬢の場合はこうである。

「相手は不動産屋よ、たった二カ月で四百万円も使ったあげく、突然、姿を見せなくなった。調べてみたら会社ごと消えてたの。その責任は私にあるのだから、精算するためトルコ風呂に来ちゃった」

彼女も沙お理とおなじ新宿の高級クラブでホステスだった。そのクラブは、銀座の一流クラブなみに料金の高い店だ。「この客は大丈夫だし、僕が保証するから」となかば強制的に、支配人が押しつけたのがその不動産屋だった。彼が働いていた前の店からの馴染みで、勘定の責任も自分で持っていた。ところが、不動産屋の景気もそろそろ下火になって、危険な客になりそうだからと、いわばトランプのババを彼女に押しつけたわけ。

店扱いといって、特定のホステスを指名にしない馴染み客が、状況が変ってヤクネタになるおそれを生じたとき、ホステスにバトンタッチ。店の損害を回避しようとするのはこの世界の常套手段だ。焦げついたとしても、ホステスの給料から差し引けばいいから、店は傷を負わないというもの。ババを引かされるのは新人のホステスに限られる。夜の仕事にようやく馴れて、成績をあげようと張り切り出したころ、店が彼女を応援する名目で指名客を世話する。彼女は感激してますますやる気をおこすが、

気付いたときはすでに後の祭り。お前の

「責任をもつなんて、その場だけの言葉よ。お前の集金のしかたが下手だからと、逆集金のしかたが下手だからと、逆に叱られた。不動産屋に、大切な客だといわれて、接待の相手とホテルに付き合わされたり。明け方ちかくまでマージャンの席でお茶くみやったのも、四百万円の損をするため苦労してたみたい。バカらしくて、泣くにも泣けなかったわよ」

焦げつきをなし崩しに払うため給料はゼロ。それでは食べていけないから店の客とホテルに行く。「喉から手が出るくらい欲しいのに、お金の請求なんかできない。黙ってるとくれないお客もいるの。そのときの惨めな気持は、トルコ嬢になっても忘れられない」。支配人は一気に焦げつきを精算させたくて、よそにクラ替えをすすめるのだ、移る先の店から出るバンスが目当てだ。しかしネオン商売も不況で、よほどいい客を持ってないかぎり、三百万円以上も支度金を出すクラブは、まず見つかりそうになかった。

そして彼女は、トルコ風呂で働く決心をする。マンションの隣部屋に住んでいたトルコ嬢が、ちろりん村の店を紹介してくれたのだ。「どうせホステスをしていても、客とホテルに行かないと生活できないのだから、それならいっそのこと、と思ったの。気持の惨めさはおなじだろうし、クラブでそんなことをしていたって、キマリがつくのはいつのことやら……。とにかく、早く決着をつけたかった」。

　焦げつきをそのままにして逃げ出したかたちになる。「とりあえず逃げただけで、お金は精算するつもりだった。だから、雄琴から店に手紙を出した。トルコで働きながらキレイにするから、三カ月だけ待ってほしい、そういってやった。三カ月ほど過ぎて、三百万円とちょっと、わざわざ雄琴から持って行き、支配人に叩きつけてやった。気持よかったわよ。こいつが無責任なことをしなかったら、私だってトルコ嬢なんかになっていないはずだ。そう思うと金を返すだけでは済まない気がして。支配人のやつ、真っ青になったわよ」。

　彼女は、トルコ風呂の源氏名をラブというように、愛くるしい感じの美人だ。恨み節の啖呵はその顔からはおよそ想像もつかない。

　この、ラブ嬢のようなケースはどのトルコ地帯にも転がっているようである。高級とされるトルコ風呂には、東京の銀座、赤坂、そして新宿など、一流と呼ばれているクラブの元ホステスが非常に目立つ。ちろりん村の場合は特にそうである。大阪の北新地のクラブからも流れて、彼女たちが籍をおくトルコ風呂の、グレード・アップに役立っていることはたしかなのだ。ホステス時代、ヤクネタのおかげで背負わされた借金を、トルコ風呂にでも行って精算してくるか――、そんな軽い気持でやってくる場合がほとんどだという。なんともあっけらかんとした転身だ。

そして借金が抜けたところで、もとの場所に戻っていくのもたまにいるようだが、よほど強固な意志の持ち主に限られるらしい。たいていは、トルコ風呂に居ついてしまう。ホステスあがりと呼ばれる彼女たちには、ヒモ的な男の介在はすくない。気楽な身分なのだし、金を稼げる魅力が忘れられなくて、という事情のようだ。トルコ嬢になって、あたらしく生活の設計をやり直そうということだろうか。

話をもとに戻して沙お理。ヤクザ幹部という男は、お前に苦労をかけてすまんと、言葉は殊勝だが、いっこうに店の勘定を払ってくれない。このままでは自滅する――、悲愴な気持になっていたとき偶然、出逢ったのが前の男。別れると沙お理に約束しておきながら、トルコ嬢をしている女房は、その男から離れていないという。それはさておき、いま自分がおかれている状態を彼女は涙ながらに訴える。

「嫌いで別れたのじゃないから、泣きながら話しているうちに、気持が縒《よ》りをもどしちゃった。彼も、私のことが忘れられなかったというし、その場で駆け落ちすることに決めた」

東京に居るわけにはいかない。いまの男がヤクザだから、つかまったときが恐ろしい。雄琴に逃げようといいだしたのは男のほうだ。とっさの思いつきだろうが、沙お理をトルコ嬢にする魂胆はあきらかだ。

「雄琴に行こうと彼がいったとき、それくらいのことわかってた。でも、彼に抱かれたとたん、どんなことをしても離れるものかと決心していた。それくらい素晴しいのよ、あの男のセックスは。いまだって、また抱かれるようなことがあったら、私、どうなるか自信をもてないわよ」

ちろりん村のトルコ風呂はようやく三十軒を超し、まだ伸びる過程にあったころだ。よそのトルコ地帯にくらべて景気も悪くない。いまは代替りした高雄という店で、沙お理はトルコ嬢の洗礼をうける。紹介者のない飛びこみの応募だった。支配人が面接し、経験の有無を聞く。素人と知っても、べつに不審を感じない様子だ。「すぐ仕事に馴れますよ」とこともなげにいったが、ちょっと言葉つきを改めて「仕事の内容はわかっていますね」。

男はトルコ街の入口の喫茶店で待っていた。村のそばのモーテルに部屋を借りたが、二人とも金の持ちあわせはあまりなかった。その日から働かなければならない。店をきめたことだけ報告して戻ろうとすると彼がいった。「泡踊りはするなよ、肌が荒れるから」。なぜそんなことを口にしたのか、いまでも彼女は理解できないという。

「だって女房がトルコ嬢なんだから、それをしないと商売にならないこと、よく知ってるはずよ。私に、せめてもの思いやりを示したかったのかしら」

店では支配人が待ちうけていた。すぐ仕事の講習をはじめるという。浴室に入ると裸になるよう命じられた。最後の一枚をとるとき、全身がふるえて眼の前が暗くなりかけた。

「ホステスのころ、初めて会った客とホテルに行ったときでも、それほど恥かしいとは感じなかったのに」

その日は、ひととおりのサービスだけ教えられたが、そのなかには、もちろん泡踊りも含まれている。エアーマットの上に横たわった支配人の裸の体に、沙お理がかぶさるようにして、適当な接触の度合いを保ちながら乳房を撫で滑らすのだ。これにはいろいろな技法があるのだが、当日は初歩的なものだけ。それから一週間くらい毎日、変ったやりかたを教えられることになるのだが、彼女はそのとき、泡踊りぬきでは仕事にならないことを悟った。

「あとは、客となにをするか、あんた、わかってるね。サービス料を一万三千円ももらうのだから」

その日のうちに客をつけられた。四十歳くらいの、おとなしい感じだったというが、自分がどんなことをしたか、まったく覚えていない。ただ、店のボーイがドアの隙間からのぞき見していたことは知っていた。初めて店に出たことをその客は聞かされていたようだ。「テクニックのようなもの、何もできなかったのに文句をいわないし、ガンバレよ、そういって一万三千円くれた」。そのなかから雑費の名目で三千円を店に入れると、彼女の手取りは一万円だけ。

「抱かれるだけでなく、いろんなサービスをしてたった一万円。ひどく安すぎる気がしたけど、一日に六、七人もお客があるというから、それほどわりのあわない仕事じゃなさそうだと思って」

とにかく、普通の仕事にはない稼ぎのあることが魅力だったという。ただし、一日に六、七人もの客を相手にしなければならない。

「眼を閉じてれば大したことない、そう思うことにした。通行人と同じ、相手に無関心だったら、たとえ客が何人ついても平気ですませられるはずよ。売るのじゃなくて貸すだけだもの。心は別物だし、惚れた男のためなんだから、使命感はあっても悲愴感みたいなものはなかった」

初日にはもう一人お客をとったが、これはどんな男だったか覚えてない。

モーテルに戻ったとき、彼はベッドに入っていた。その日、稼いで来た一万円札を二枚、枕元におく。「チラっと見ただけで横をむいてしまうの。彼のほうが辛い気持で私を待っていたのだ、そう思ったとたん、抱きつくと大声あげて泣いちゃった」。沙お理は泣きながら、いつの間にか求めていたという。

「だって、彼のあれが欲しいから私はトルコ嬢なんかになったの。そのときは考えてもいなかったけど、結果としてそういえる。おまけに、店で客を相手のとき必死にガマンしてた。いくら通りすがりの男だからと思っても、女の生理は哀しいものなのよ。耐えようとするから、中途半端な状態で放り出され、かえってモヤモヤが残っちゃう」

彼女はそのとき、かつて知らなかったほど深い官能の荒波にもまれ、めくるめくなかに魂を翔ばして悶絶寸前だったとか。

二日後、男は川崎に帰った。スナックの商売があるからだ。東京から逃げたといっても結局は、沙お理だけがトルコ嬢になって残された。つじつまが合わないようだが、彼女はそのことにこだわらない。

「バカみたいだけど、成行きだからしかたがないわよ。あのまま新宿でホステスを続けていても、しょせんは好きでもない男の喰い物にされる。それだったら雄琴でお金を残して、川崎の男と商売をはじめるほうがしあわせだ。彼の女房とは、それから決着をつけても遅くないと考えたの」

トルコ嬢になったつぎの日から、本格的にテクニックの講習がはじまった。一日に二時間ていど、それが二週間も続けられる。そのかたわら客をとるのが、復習の材料にお誂《あつら》えむきだ。やる気が充分の沙お理はめきめきテクニックをマスターする。好きこそものの上手なれ、という諺《ことわざ》どおり、たしかに好きでないと、トルコ風呂のサービス・テクニックが身につかない。形を真似るのは簡単だが、いいトルコ嬢と呼ばれるには、それに加えて、そのことが好きであることが欠かせないのだ。

泡踊りひとつ取りあげても、ただ単に石鹼の泡をまぶしつけた肌で、お互いにこすりあわすだけではない。男性の官能を呼びさまし、奮いおこすためには、それなりに細心の心遣いが必要だ。客の反応をたしかめながら接触の度合いの強弱をコントロール。その間、さまざまに体位を変えるのも流れるようにして、客の感興を中断させてはならない。いいトルコ嬢のそれは、まるで神技ともいえそうだ。

すべての個別的なプレーテクニックに、おなじ配慮が要求される。「バカらしいと思ったらこんな仕事、できるものじゃない」。いいトルコ嬢は口を揃えていう。

いくら客を通行人だと考えようとしても、沙お理の場合は彼女の生理が許してくれない。それが多少でもコントロールできるまで、およそ六カ月もかかっている。意志に反して、体が関心を持ちすぎるからだろう。

「いろんなサービスして、自分でも気分が変になりかけるの。そのあげく、私のなかに迎えるわけでしょ、一度や二度じゃないのよ。はじめはお客の手をとって、その十本の指を一本ずつ。あとは泡踊りや椅子洗いのとき、男性を送りこむけど、これは完全なファックよ。そしてベッドの上で仕上げ。その日、最初のお客のときはどうにかガマンできても、二人目がすこしでも感じのいい男だったらもうダメ。堰《せき》を切ったようにに、前の分とあわせてイッちゃうみたい。一日に二回はこんなことがあった。ガックリした顔で控室に戻って来るものだから、先輩のトルコ嬢が『お金、お金と念仏でもとなえてれば大丈夫』と教えてくれたけど、そんなの、ぜんぜん効き目なかったわ」

沙お理をパンクレディと仇名したのは、仏蘭西館の大林部長だ。彼女がその店に移ってから体の故障で休むことが多い。理由はすべて婦人科系の疾患、俗にいう突っつき過ぎによるもの。トルコ嬢になってすでに三年目を迎えるのに、それではプロ意識に欠ける。店としては、そんなことでしょっちゅう休まれるのは、戦力の低下を招いて困るのだ。大林は、イヤな予感が的中したと思った。

「沙お理をテストしたとき、こいつはヤバイと感じたのだけど……」

経験のあるトルコ嬢があたらしく来た場合、どのていどのサービスができるものか、そのテストを行う店がある。品質保証のようなもので、料金の高い店に限られる。

「はじめのうちは、まああのセンを行ってると思ってたのだが、コースが進行していくうちに危険を感じはじめた。彼女の眼の輝きが妖しくなり、息づかいもまともじゃない。このまま続けさせると、私の職分を超えさせられそうだ。中断を命じたのだけど猪突猛進して」

大林が職分を超えて、沙お理に犯される結果になったかどうか、さだかではない。

多少のコントロールはできるようになっていたが、「日に一回は、思い切りしないとヒステリーが起きそうになるの。運が悪くて、本気になれそうな客が来なかったつぎの日、フィーリングのあいそうな男に出逢ったりすると、もう、それこそ大変よ。その客を殺したくなっちゃう」。いずれにせよ、客に喜ばれることはたしかだが、パンクの要因はあいかわらず。店は戦力保持の見地から嬉しくない。

そんな沙お理が自分でもいう淫乱が、いささか収まる傾向になったのは、ちろりん村の住人になって一年半ほど過ぎ、川崎の男と別れてからだった。彼女は深酒をはじめたが、淋しさをまぎらわすためだったのに、結果としてアルコールが、淫乱の調節作用をしたと見られ、怪我《けが》の功名といえそうなのだ。

男は沙お理だけを残して川崎に帰ったが、彼女の公休日にあわせて一カ月に四回は京都に来る。駅前のホテルに部屋をとり、出逢いを喜びあうのだ。彼は、沙お理を心からいたわってくれるようだったが、言葉に出して彼女の仕事を気づかいはしない。それでもうれしかったし、彼に抱かれる悦びはまた格別だ。ホテルの費用はもちろん、別れるとき、それまでに稼いだ金の半分くらいは男に渡す。たいてい二十万円より多い。

「当然のような顔をしてポケットにしまった。あの男は、いつもパリッとした服装をして持ち物も高価なのばかりだったけど、その費用の半分くらい女房が稼いだことはたしかよ。そう思うと張り合う気持が強くなって、私の金で、もっといい格好をさせたくなる。でも何カ月もそんな状態を続けるうちに、私だってバカらしいと思うことがあるわよ」

彼女はトルコ嬢をやめたかった。ホステスに仕事を変えようかと相談しても、いつも返事を濁す。いっしょに生活する話も立ち消えになった。彼が京都に来るのも、集金旅行のようなものじゃないか。

「新幹線で川崎に帰る男を見送ったあと、もう、これっきりにしようと決心するけど、店の寮に電話が掛かるの。『いま着いたよ』。その声を聞いただけで、彼と別れた淋しさがこみあげるのだから、私って、どうしようもない女だったらしいわ」

そして、川崎の男とはケジメをつけるのだが、トルコ風呂の不況が彼女の反省をうながしたのはたしか。「一日に、すくなくても六、七人は客があったのに、それが四、五人になると考えちゃうわよ。サービス料が高くなっていたけど、諸物価値上がりでしょ。私たちだって倹約したくなる。無駄なものは、まずヒモということに思いつくのは当り前」。一年半で彼に吸い上げられた金はおよそ千五百万円。「計算してみてガックリ来ちゃった。私には一銭も貯金がないのだから、よけいショックよ」。彼に逢ってからでは気持がくじけるだろう、抱かれたらイチコロだ。電話で訣別、男が何かいいかけるが受話器を置いた。五十二、三年ごろ、おなじように、トルコ嬢のヒモ諸氏がクビを申しわたされている。それまでヒモの保有率が九十パーセントを超していたのに、六十パーセント台に減少した。

「彼が電話をよこすかもしれない、ここまで来たらどうしよう。そう思ってしばらく落ち着かない。半分くらいそれを期待してたみたいだけど、一週間ほどでサッパリした。男も諦めたようで連絡がない、かえって気抜けしたくらい。それからよ、酒ばかりくらって、しょっちゅう宿酔になってるのは」

パンクレディにあわせ、のんだくれの沙お理と異名を献上したのは、やはり部長の大林。口実をつけて引っぱり回され、しょっちゅう、酔っぱらいの女のお守りをさせられた、彼の恨みがこもっている。

ときどきパンクしては店を休みながら、それでも彼女は、仏蘭西館に腰を落ち着けたようだ。ちろりん村に来て足かけ四年、仏蘭西館は三年目、もう古顔だ。比叡山を越えたむこう、京都の北白川に借りたマンションは、しばらく以前から飲み友達の菊之介が転げこんだまま。二人で飲み歩いたあげく、先に酔っぱらった沙お理を菊之介が送る。それが度重なるうち、面倒だからと、送り役が住みつく形になった。その合理化を二人とも大満足のようだ。

二人の公休日はおなじ。部長の大林がたてた苦肉の策だ。はじめ沙お理と菊之介は公休日がずれていた。どちらかの公休日の前日、きまって二人は痛飲する。つぎの日、いずれかが公休ということになれば、片方も店に出るのがいやになる。当然、仏蘭西館と鹿之介の二軒は、しょっちゅう不時の戦力低下を強いられた。それでは困るということで、鹿之介側と話し合い、二人の公休日の調整を行った次第。

飲乱性双生児は、またもや大林がたてまつった二人の仇名。

「こんな気楽な生活してて、いまさらそれを変える気なんかないわよ。まともじゃないことはわかってるのだけど、世の中、なるようにしかならないもの。将来のことを考えたりするけど、お金だけを頼りにする気持にならない限り、トルコ風呂にいたのでは駄目よ。ずるずるべったりじゃ、まったく見込みがないと思う。私なんか駄目の典型だけど、菊ちゃんもおなじようなところがある、破滅型の人生よ」

だからよけいにウマが合うというものらしい。「生れ変ったら、男にだけは気をつけようね」、二人の合言葉のようなものだ。

「どうしようもない男にばかり惚れて、自分を粗末にしすぎたのよ。つきつめて考えてみると、自分の気持を大切にしたからかもしれないの。そのあげくトルコ嬢じゃ本当に可哀そう」

そのくせ、むかしの男を恨む様子はまったくない。「だって、私に見る眼がなかったのだもの、自分にも責任があるわよ。計画的に欺《だま》したことは憎いと思うけど、恨みとはちょっと違うの。私だって、それなりにいい思いをしたのだから」。かつての男たちに抱かれたときの感触が、いまでもなまなましく蘇って身を震わせることもある。

「だから困っちゃう。恨むことができないのよ、そんな印象が残ってる間は。私ほど淫乱じゃないし、どっちかといえば感じかたの鈍い菊ちゃんだって、おなじようなことをいってる。女の性《さが》の哀しさというものよ、トルコ嬢だけがわかる……」

男はもうこりごりという、惚れるのはやめた。惚れられるのは、やはり警戒するそうだ。ことに、この仕事をしているかぎりは――。堅気になってからは、「そんな先のこと、考えられないわよ。今日のことだって、仕事が終ったら、どこで飲んでやろうか、まずそれを考えるだけだもの」。沙お理は当分、ちろりん村に腰を据えるつもりらしい。

「気が楽でいいのよ。だって、お客のほかは、ここで顔を合わすの、みんな似たもの同士みたいな気がする。パンクレディも呑んだくれも、私だけのことじゃない、大なり小なりみんなそう。よくよく考えたら、間尺に合わないことをせっせとやってるの。それを考えたらうれしくなっちゃって、しばらく動きたくないと思ったのよ。お天道さんとお酒はついて回るし」

宿酔で頭が痛いので、仕事が終ったら花見小路で迎え酒だそうな。

ちろりん村・午前0時

時計の針が十二時をまわる。ついいましがたまで夜空を焦がすようだった四十九軒の屋上のネオンが消えて、遠くからの眺めをいささか変えている。店の前の置き看板だけが明るく、それが暗い空をおぼろに染めて、村の全体のかたちをシルエットに見せるのだ。燃えさかっていた炎がようやく収まった感じだが、なかの通りはいっそうの賑わいかたである。午後十一時三十分が、客の受付終了時間と決められていても、本日、最後の客を引き入れようとボーイたちが、ここを先途の呼び込み合戦だ。

五十年ごろまで、特攻隊の戦死者が続出したのもこの時間帯である。村の西側を通る国道一六一号に出張する呼び込みのボーイたちが、高速で疾走する大型トラックに体当り攻撃をかける。彼らにそんな無謀を冒すつもりはないだろうが、車に撥《は》ねられた瞬間、すくなくともそう見える。だれかが特攻隊を連想したようだ。国道をはずれてトルコ街に入るつもりの客の車を誘導して、自分の店に案内しようと先陣を争い、前後の見さかいなく、道路に飛び出したあげくの惨事である。

撥ねられて、まだ息のあるのは救急車が病院に運ぶが、即死の処理は警察だ。いずれにせよ身元の確認に苦労する。いまでこそ従業員台帳があって、いいかげんなことはなくなったが、当時、特攻隊のボーイたちは、いつの間にかその店にいついたような、風来坊がほとんどであった。トルコ嬢のヒモでもしていた男はまだ救われる。のちのちの供養はどうか知らないが、とにかく、死んでも骨の引き取り手だけはどうにかあるからだった。

悪質な店は、事故にあったのが自分のところのボーイとわかっても、知らない顔をきめこむ。面倒を嫌うのだ。仏は迷っているに違いないのだが、このあたり、ついぞ幽霊が出るとは聞いたこともない。周りの人間の無関心に、化けて出ても張り合いがないからだろう。事故処理が終るとすぐ、その場におなじ店のボーイが立って何ごともなかったかのように決死の客引きをつづける。横の道ばたに死んだ男の靴が片方、一カ月もそのまま転がっていたことがあるくらいだ。人の噂は七十五日といわれるが、ちろりん村ではこの種の噂は二日ともたない。

事故もさることながら、交通妨害もはなはだしい。警察はパトカーを配備して違反者を検挙する。協会側も業者に自粛を強く呼びかけたのには、業者たちの覚醒剤を締め出す努力も効果があったと見られる。というのは特攻隊のボーイの多くはシャブを一発うって、体当りなんか怖くない、と出来あがった勢いで出撃する。この特攻隊さわぎも昭和五十二年ごろには収まったようである。この間の名誉の戦死傷者およそ八人。

特攻隊を送り出す業者にしてみれば、背に腹はかえられない理由があった。川筋通りにしろシャンゼリーゼにしろ、奥のほうにある店は立地条件が不利だ。国道に近い店に客を奪われる。花影、石亭といった開村当時からの名門は、黙っていても客が来てくれるが、トルコ景気が下火になった当時、大方の店は、その影響をこうむること大、いきおい客の呼び込み合戦になったわけだ。

国道での客引きが厳禁されると、こんどは村のなかの呼び込みに熾烈さを加える。冬になるとそれぞれの店の駐車場の横に、かこいが作られる。ビニールで四方を張った小屋だ。石油ストーブと椅子と小型テレビかラジオ、それにお茶の道具まで置いてある。呼び込みの待機所といったところだが、比叡おろしと琵琶湖を渡る冬の風の冷たさは、こんなものがなければとても耐えられない。

アノラックを着込んだボーイたちは、ビニールの壁をすかして道をうかがいながら、この中で待機する。車や人影を見ると飛び出して行って大声をあげ、掌を上に向けた腕を自分の店のほうに伸ばし、まつわりつく。目的の店がある客は、それを無視して通り過ぎようとするのだが、屈強の若者たちの、必死の形相に気圧《けお》され、本意でないのに誘いこまれることさえある。耳をかさず眼もくれないと、背中から悪態をつく不心得者もいる。

客が車を村に乗り入れたとたん、窓に取りつくくらいは序の口、泥んこの道の真ん中に土下座して、地面に頭をこすりつけることさえあるのだ。その熱意にほだされ常連になったという客もあるが、たいてい脅迫される感じでいい気持はしない。いずれにせよ、雄琴を訪れる人たちの間で悪評をきわめた。「雄琴のトルコ風呂は、ヤクザ者が客引きをしている」。そんな投書が警察や雄琴の観光協会あたりに寄せられるようになった。

しかし、暴力団の構成員はボーイのなかには、ほとんど見かけられないという。客を連れこんだ場合のリベートの制度はないので、およそ収入源になりえない。その店で最低の身分の従業員で、掃除や客の応対、辛い呼び込みも給料のうち。三食と宿舎、といっても待合室のソファにごろ寝の店もある。それで月給はせいぜい十五万円、苦労にくらべてわりが合わないからだ。もしいたとしても、半グレの予備軍にすぎないだろう。

警察当局から、しつこい呼び込みを警告され、協会もその自粛を協定して、監視のパトロール隊を組織する。各店が輪番で支配人以上の責任者を出して、違反がないかパトロールする。店の前、二メートルの道路上に白線を描き、そこから出て客に声を掛けてはならない、と決める。目に余る店は経営者に警告を与え、一件の違反につき五十万円の罰金制度も設けたが、いまに至るまで、それを科した話を聞かない。監視する側も同業者だけに、お互い、馴れ合いの感じがあるのかもしれない。

とはいうものの、僅かずつでも呼び込みの悪評は返上されている。業者それぞれの自覚にもよるだろうが、馬子にも衣裳、ボーイの身だしなみがよくなったことも原因していると見られるのは面白い。黒いスーツにホワイトシャツ、黒い蝶タイの制服を採用する店が増えた。見違えるほど礼儀正しく、慇懃《いんぎん》にさえなったのである。「こんな服装をしたらマナーに注意しますよ」。ついこの間まで、ヨレヨレのジャンパー姿だったボーイが、なんとなくてれくさそうにいう。

五十四年に入って、料金をあげて高級指向の店が増えた。

トルコ嬢の手取り収入を増やして、容姿の勝れたのを集める。東京の銀座や大阪の北新地あたりの、クラブホステスの経験者を優先的に採用して、客を迎えるマナーや話題など、技術以外の素養にも重点をおき、クラブ的な雰囲気で遊んでもらおうというものだ。もちろん設備もより豪華に、ということになる。

それに付随して、それらしく見せるため従業員の服装向上が、思わない効果をもたらしたといえる。ズボンのしわやエナメル靴のホコリを気にしていては、行儀も良くなろうというものだ。それでも呼び込みの声だけは威勢がよろしい。

「どうぞ」「どうぞ」。語尾を縮めて跳ねあげる独特の語調だ。本日、最後の追い込み、両側の店からてんでに呼びかける声が壁にぶつかり、撥ねかえり、遠く近く輪唱の渦を織りなすようだ。国道寄りの角にある鎌倉御殿は、午後十時ごろに予約が満杯で、三十台ほどの客の車が駐車場を埋めている。ナンバーを見ると大阪が多い、なかには奈良や岡山の車まである。

車といえば、観光客を乗せたバスが乗り入れることもある。メインストリートを一巡して出て行くのだが、ガイド嬢がマイクを片手に説明している姿が窓ごしに見える。何を、どうガイドしていることやら。そして時にはトルコ風呂の駐車場に車を停める場合もある。幹事らしいのが呼び込みのボーイと何やら交渉。団体入浴ということになるのだが、十人以上の団体様ともなれば、一軒だけでは受け入れかねる。姉妹店にも客を割り振るため、テンヤワンヤの騒ぎだ。気がつくとバスの窓から御婦人たちの顔もうかがえる。トルコ風呂のドアをくぐる男たちに笑いかけて手を振ったり、歓呼で送っているように見えるのだ。御婦人たちは彼らが戻ってくるまで車内で待機。ボーイが飲み物を運んでサービスに務めている。ちろりん村の住人はこんな光景を、「トルコ風呂が完全に市民権を得た証拠だ」といってはいるが、さて、どんなものだろうか。

鎌倉御殿では、駐車場を整理するボーイが手持ちぶさたの様子。フリの客の車がとまっては丁重に断られ、ハンドルを右に切って、呼び込みの渦のなかに戻っていく。通りをすかして見ると何軒か、突き出しのネオン看板を消した店もある。本日、満員札止めというサインだ。

呼び込みの声が遠く聞こえる鎌倉苑の奥の一室に、小林健二と鎌倉御殿、VIP、プレーボーイ、マキシムの営業責任者が集まっていた。

レストランの鎌倉苑も小林の経営で、鎌倉御殿の待合室を代用して、部屋が空くまで客を待たせることもある。その奥の部屋は、VIPの専用待合室だ。顔がさしては困る客、タレントなどはここに案内される。その点、スポーツ関係者はフランクだ。

プロ野球の選手や大阪場所の相撲取りなど、この店の馴染みは多いが、気取らないで一般の客と顔を突き合わせて、相手のトルコ嬢の順番を待っている。どちらかといえばプロゴルファーは、顔がさすことを嫌って、駐車場の車のなかで待っていたりする。有名人にはそれなりに面白いエピソードはあるようだが、商売大事と、すべて厳重な部外秘である。いまは解説者だが、かつての名投手が監督のころ、鎌倉御殿に来ると受付のカウンターに座りたがった。入浴料を払う客は調子よくまくしたてられ、大いに面喰らう次第。売れない娘の在庫一掃をやってくれたとか。

週に一、二回、小林はこの部屋に責任者を全員集める。営業成績の報告のほか、時に応じていろんな協議をするのだが、たまさか私がその現場に居合わせたとき、遠慮してくれ、と追い出されたように、極秘にわたる内容のものらしいが、大づかみな指示を与えるだけで、細部はすべて現場の責任者まかせだ。プレーボーイの大竹部長は、小林が東京の五反田にあるトルコで、支配人をしていた当時からの仲。いっしょに雄琴に進出、苦楽を共にして来た。ＶＩＰの古城部長は雄琴で子飼いの最古参。あと、鎌倉御殿とマキシムの責任者は二人とも、トルコ風呂の業界が未経験。東京の赤坂にある国際的な一流クラブ、ニューラテンクオーターで主任クラスだったのをスカウトされて雄琴にやってきた。

鎌倉御殿を開店したのは昭和四十八年、これが第一号店。その前に白雪という店も経営していたが、それは手放した。つぎに王朝、いまはＶＩＰと店名を改め、そしてプレーボーイ、マキシムを開店、その間にレストランの鎌倉苑を開店させた。トルコ嬢は四店合わせて約九十名、男子従業員が三十名の世帯。いまやちろりん村では、村長の田守世四郎につぐ実力者と見なされている。肩書も滋賀県特殊浴場協会副会長、いわば村の助役。

田守は生え抜きの地元派で、老舗の実績を基盤の安定した営業、どちらかといえば守りの商売。もっとも、業者間の自主規制を目的にする団体の長として、そうせざるを得ない点もあるだろうが、小林は関東からの進出組で積極商法、派手に見える攻撃型。しかしこの組合わせは雄琴の業者が全国からの寄り合い所帯だけに、かえって相互の協調に功を奏しているようだ。

小林の営業実績は目ざましい。四軒のトルコ風呂の売り上げは雄琴の各チェーンのなかでトップ。その正確な金額を知るすべもないが、月に八千万円以上にはなるだろうと、同業者たちは推定する。しかもチェーンの花形、鎌倉御殿だけで四千万円を超すと見られ、二十六ある浴室の一室当り売り上げは百五十万円。これは日本一だ。全国的に一室当り売り上げの平均が、推定五十万円を超すことはない、といわれるだけに鎌倉御殿はたしかに破格である。この金額は浴室料金だけでトルコ嬢のサービス料を含まない。彼女たちが任意に客からもらうものとされているからだ。それも合わせると三倍に近い金が動くことになる。四軒で約二億四千万円。

浴室料金だけで、三十人の従業員月間一人当りの売り上げは約二百六十万円。原材料は水と重油だけのようなものだけに、ボロ儲けの気がしないでもない。

「それは一面的な見かたです。たしかに、ほかの商売より収益率は高いでしょうが、といってまる儲けになるものではない。固定した投資以外に、眼に見えない出銭が多く、その出銭によって業績を支えているようなものですから」

小林健二は、彼が経営するトルコ風呂の実績について、噂は否定しなかったがボロ儲けだけは論外、ときびしい表情を見せる。出銭、つまり営業経費に当るものだろうが、その内訳は一般の商売にくらべ、予想外の種類にわたることは想像できなくもない。あえて非合法を商売として成り立たせるには、それなりの特殊性があっても不思議ではないはずだ。

銀座の帝王。彼が飲みに行く銀座の高級クラブの関係者は、彼のことを例外なくそう呼んであがめ奉る。一人だけで飲みに行くことは絶対にない。すくなくて四、五人、多いときは十人くらいのグループだ。同業者と一緒のことは珍しく、たいてい、まったく彼の商売と無関係な顔ぶれだ。航空会社、旅行エージェント、イラストレーター、広告代理店、ホテル関係、そして競馬の調教師。その取り合わせには首をひねらざるを得ない。

「勉強です。いろんな人に逢ってお話を聞くことで、時代の流れがわかるし、それを商売の肥しにできるから」

トルコ風呂における時代感覚の先取りは案外、そんなところに転がっているのかもしれない。

銀座に出ると、すくなくて六、七十万は一晩で使うようだ。一軒でおさまることはなく、三、四軒はハシゴをする。多いときだと、百五十万円。むろん、現金で支払う。これがモノをいうのだ。そのうえ、客としては最高に扱いやすい。上客だからといって驕《おご》らず、いつもニコニコとホステスたちの話を聞いている。いっしょの客に気を遣って自分は控え目だ。ホステスに抱きついたりやたらに触れる、そんなはしたないことはいっさいなし。それどころか、口説く様子さえ見せようとしないのだ。なかには、口説かれようと積極的なホステスもいるのだが、まったく無関心で通す。

月に五、六回、もう七、八年もこうした銀座通いが続いている。店にとってこれくらい理想的な客はザラにいるものではない。帝王の称号はうなずけようというものだ。小林は銀座で飲むことを勉強というが、その授業料にしては金額が莫大である。目的は他にもあった。人材の発掘だ。

「トルコ風呂の従業員だって毛並みが大切。店づくりはまずスタッフから」ということで、ホステスにむける眼よりも、ボーイやマネージャーの一挙手一投足に関心が強いらしい。かくて、銀座で飲むことで得たものを、本業に反映させた。

小林のトルコ風呂は独特だ。比較的高い料金のわりに、店構えと室内の調度は豪華さに欠ける。それを従業員とトルコ嬢の雰囲気で補うわけだ。馴染みの高級クラブで遊ぶとでもいおうか、いささかの気どりはあっても、なれあいの親しさを客に感じさせようとする。ことにトルコ嬢の場合、お上品ぶった仮面を引っ剝してみたら、の嗜虐を満足させるところがなくもない。通人のトルコ風呂と一部に評される所以はそこにある。高級クラブの美人ホステスと、きわどい猥談を交わすのに一脈通じるような気がする。

「サービス業の本質は客への誠意にある」。小林の信条だというが、その点、銀座や赤坂の高級クラブともなれば、スタッフの教育も行き届いている。そのなかから、将来、見込みのありそうなのをピックアップしよう、というわけだ。彼の店の従業員、三十名のうち銀座や赤坂からスカウトしたのが約半数。たしかに意図したなりの効果をあげているようだ。女の子より、スタッフについた客が増えているのは、それだけお客が店を認めてくれたことになる。

そのかわりスタッフの教育は厳しい。つい昨日まで華やかなクラブのマネージャーだったのでも、店の掃除から表に立ってポーターまで、最下級の仕事に耐えさせる。ことに冬の寒い時期のポーターは、絶対に欠かすことができないトレーニングだという。ひと冬、それに耐えられたら一人前、寒いからとだらけたりしようものなら、遠慮なくどやしあげられる。クラブで飲んでいるときの柔和さは微塵もみられない。そしてふたこと目には「半人前がゴタクを並べるな、一人前になってからにしろ」。

休日は第三木曜日の全店休業日だけ。午前十一時から翌日午前三時まで、間に休憩はあるが労基法なんかクソ喰らえのコキ使われかた。バクチはマージャンさえ法度、酒も勤務時間中は厳禁だから寝酒にありつける程度。女は、不義は法度だけに店のトルコ嬢と仲良しになれない。よそのトルコ風呂で遊ぶ暇さえ与えられなくて、雄琴にいながら半人前の期間は禁欲。ボーイで給料二十五万円は破格、そのうえ三食宿舎つきで金の使い道がないから、貯金はできる。だが、いっこうにおもしろくない。

あまりの修業の辛さに歩止まりは半分ていど、ガマンできなくて逃げてしまうケースも多い。「もちろん騙してつれて来るわけじゃない。将来に自分を賭けるつもりだったら、と納得ずくだが」。将来性はむろん金。見本は眼の前にいる、小林健二その人だ。銀座の帝王にあやかりたい、そう思うように仕向け、本人も志すのだが、「いざ現実に修業の苦しさに直面すれば、人間の弱い部分が出てくるのは当り前だ。この仕事を甘いものじゃないと実感する」。なかには、トルコ風呂稼業のおぞましさに怖《おじ》気《け》を抱くというのもある。いずれにせよ小林は、去る者を追わない。

「そのかわり、篩《ふるい》にかけて残った人間はかならず強い戦力になる。目的意識がハッキリしているからだ。食えない人間がトルコ風呂に集まる時代は、すでに遠い過去のものだ。何年か前までは、いい女の子さえ集めれば、といわれていたがいまは違う。トルコ風呂がいささかでも社会に定着したとなれば、お客の選択だって変ってくる。スタッフのやる気がモノをいうことは、私の店が実証していますよ」

だから、店の人事がよそとまったく違う。稼業の経験は度外視して、その人間のやる気と能力の将来性を買う。修業期間を経ただけの未経験者をあえて責任者に据えることもあるのだ。鎌倉御殿とマキシムがその例で、自分の経験を踏まえた小林の方針だろう。

ふとしたことから、東京の大井町でトルコ風呂の責任者になる。まったくこの商売の経験がなく、トルコ風呂の入口をくぐったこともなかった。以来九年間、雄琴に自分の店をもつまで、経営者を儲けさせるためひたすら働いてきた。目的意識がしっかりして、やる気があれば鬼に金棒。中途半端な経験なんか、ないほうがいいということのようだ。

最近でこそ、この業界から悪習が消えつつあるが、まだ一部にその名残りを留めている。経営者の知らないうちに管理者がそれを持ち込むこともある。ズブの未経験者はそんな悪習を知らないから安心だ。

たとえば、管理者がトルコ嬢から搾取する。経営者は見て見ないふり。商売柄の危険手当と賃上げが自腹を切らずにできる。そのひとつ、おはようさん、と呼ばれるピンハネは、トルコ嬢が出勤したとき三千円から五千円を収めさせる。一種の出店料のようなもので、十人出勤したら三万円から五万円。月にすると大変な金額だ。この、「おはようさん」がないと思ったら、「おつかれさん」があって、ピンハネする側はぬかりがない。

履歴書、という手もある。応募して来たトルコ嬢が、履歴書の間に何十万円かはさんで提出したら採用。それがないと、どんな上玉でも保留。多忙なトルコ地帯に限るが、一時は大阪と和歌山で評判だった。おかげで客は被害甚大、詐欺とおなじ目にあう。トルコ嬢のほうが店における立場を強くして、サービス料は吹っかけ放題。おまけに手抜きの突貫工事で、ロクなことがないというわけ。そのせいだろう、五十四年ごろまで大阪と和歌山のトルコは、全国最低と悪評がもっぱらだった。

その他いろいろ悪智恵を絞る。

一口に三千円から五千円、厚生費と称して積み立て、親睦旅行に当てる名目だがウヤムヤ。何時の間にか管理者のフトコロに入っている。制服代も彼等の財源となり得るのだ。川崎の堀之内にあったケースだが、一着三万円ていどのドレスを、何と四倍の十二万円でトルコ嬢に売りつける。季節の変り目ごとに二着ずつ、その間に新入りのトルコ嬢があったりして、ピンハネ側はホクホク。この悪習を残すトルコ地帯はまだあるようだ。

ちろりん村も、かつてはこの搾取が大手を振ってまかり通ったようだが、現在は全店、足なみをそろえて皆無ということだ。トルコ嬢不足に加え、彼女たちも「バカみたい、何で自分が損をするような店で働く必要があるの」と、その不合理さに首をひねる。せいぜいあったとしても、店を辞めるとき、厚生費の積立金が戻らないていどだ。年に二回は温泉旅行があるのだから、詐取が目的とはいえないだろう。

実は、多忙地帯だからこそ、トルコ嬢があえて不合理を許すともいえる。理屈に合わない支出があっても、忙しくて客が多いから結局は自分の稼ぎになる。しかも、店側は弱味があるので彼女たちの放縦にまかす。サービス料を規定せず、テクニックの指導も強制もしない。その気になれば体を楽させて儲け放題。健全なるトルコ風呂という建前論を持ち出すと、こうしたトルコ嬢の管理も強制もなく、違法を最低限に留めた模範的トルコ風呂、ということになるのだが、客にしてみれば、おもしろくもおかしくもない、実につまらない無駄な時間を過ごすわけで、なんとも皮肉な現象である。さすがに今では雄琴にそんなものはみられなくなった。

小林健二、昭和十二年、東京生れ。現在株式会社小林エンタープライズ取締役社長。

四軒のトルコ風呂とレストラン、そして寝具販売も事業に含められている。

品川の実家は床屋を営んでいた。物心ついたころ、すでに日本は軍国、間もなく太平洋戦争に突入して、育ち盛りは食べる物もろくにない餓えの思い出だけ。国民学校二年生のとき終戦、そして連合軍の日本占領。青い軍服GIがジープで焼け野原の東京の街を走り回る風景が見られた時代だ。戦災孤児が駅のあたりにむらがり、盛り場のガード下はパンパンが群れをなしている。そんなある日、健二の姿が家のある戸越銀座から消えた。親は心配して交番に届けたが、戦後の混沌とした時代、警察は親身に探すゆとりを持ち合わせてはいない。

一週間ほどして戸越銀座にもどって来た健二を見て、親はもちろんだが近所の人たちもびっくりした。ピッタリ身についたGIの軍服にGIキャップ、アメリカさんそのままのスタイルだ。丸々と肥えて血色もよかった。その当時、血色のいい日本人の子供なんて、ほとんど見ることができなかったのである。そのうえかかえていた茶色のズダ袋から、出るわ出るわ、チョコレートに肉の罐詰め、ビスケットにバターに煙草のラッキーストライク。スケソウダラの配給があるやなしやの食生活、一般庶民は想像しただけでヨダレが出る代物だ。

失踪したと大さわぎになった日、健二は京浜国道の端で前を走るジープを眺めていた。そのころ、子供たちにとって絶対的な魅力の対象だった。それに眼の前にしたアメリカ兵の颯爽《さっそう》とした姿。あこがれの思いでいる健二の前にジープが停った。ＧＩが手招きする。チョコレートでもくれるのかと思ったという。珍しくないことだ。なぜかアメリカのＧＩは子供好きなのだ。ＧＩは二世だった。たどたどしい日本語で話しかける。

「どうやら家や親のことだったようだが、あいまいに返事をした」というのだが、その二世兵士は手真似でジープに乗れと合図する。そして連れて行かれた先が丸の内の三菱ビル、当時は米軍の四四二部隊が兵舎として使っていた。四四二部隊はヨーロッパ戦線で勇猛さを発揮して有名になった日系二世部隊である。「あとでわかったことだが、私を戦災孤児だと思ったらしい。ここに居るほうがマシだと感じて、話の辻褄を合わせることにした」。チューインガムやコカコーラ、そして、そんなものがこの地上に存在しているとは想像したこともない、ハンバーグステーキに幻惑されてしまった。

　健二のほかに三人の戦災孤児が部隊にいた。いずれも兵士が焼け跡の町から拾って来たのである。アメリカ占領軍の部隊にも、何人かは拾われた孤児がいたようだ。健二を部隊に連れて来たのはヤスイという二世兵士だった。体に合わせてＧＩ服をこしらえ、こざっぱりした格好で、甘い物も食事もいっさい心配はいらない。

おまけに、どういったいきさつか、銀座の泰明小学校の二年生に編入させられ、ジープで通学することになった。ますます戦災孤児をきめこんだ。実家はその後、東京の様子が落ち着くまでということで伊豆に引きこもっている。食糧不足のおりから、健二がよそで食べてくれるのは有り難い。おかげで彼はのんびり三年間も、四四二部隊に居候することになる。その間、週に一回は戸越銀座に帰った。キャンデーやガムをしこたま持って、昔の子分たちにわけてやるためだ。ガキ大将でいつもケンカの先頭に立っていた、その貫禄を忘れさせたくないからだ。

四四二部隊の居候をやめたのは、インチキ戦災孤児がバレたためだ。部隊の本国帰還が近くなって親類縁者を見つけ子供を引き取らすため孤児の身元調査をやり直した。まったく身寄りがないのは、養子にしてアメリカに連れて帰りたい、そんな希望者がGIのなかに何人もいた。健二を拾って来たヤスイもそれを願っているようだった。

「叱られるどころか、みんな面白がって私の勇気をほめてくれた」というのだが、GIがつけた呼び名のケニーから、戸越銀座のガキ大将、健ちゃんに戻ったわけである。

占領軍の優越、アメリカ人に独特な押しつけがましい親切と、手前勝手な人道主義を二世GIが見習う。健二のニセ戦災孤児のエピソードから、それを感じさせられるようだが、それを口にすると小林は、極端に不愉快さをあらわすのだった。

「動機はどうであれ、善意は善意です。それを素直に受け止められないのは不幸です。私のなかには、そのときGIたちが示してくれた善意がまだ生きている」。従業員にも、ふとしたことで知り合った人間にでさえも、彼の面倒見が並はずれているのは、少年期の影響かもしれない。

小林が守りつづけた秘密がある。東京の世田谷にある児童養護施設に十数年来、欠かさず寄付をして来たことだ。「どうしてもと神父さんのたっての頼みで、施設の幹事にされてしまった。そうなれば、内緒というわけにいかなくて」。スポーツ刈り、いかつい感じの顔で眼が照れている。小林は人と話すとき姿勢をくずさない。背筋を伸ばし微動だにせず言葉をついでいく。隙のない構えだが、ときおりオヤと思わせるやさしい眼を見せるのだ。

最初の寄付は、東京のトルコ風呂で支配人だったころ。そして経営者になり、業績があがり店を増やすのにつれ、寄付の金額も多くなっていったようだ。明らかにはしてくれないがそうとう多額のものらしい。年に一回、東京の一流ホテルで子供たちのパーティーも開く。施設のなかにプールを造る約束をしている。もうそろそろ、その念願が果せそうだという。

「私の分に応じて出来るだけのことはしたい。はじめはそのことを人に知られたとき、商売柄の罪ほろぼしのようにとられるのが嫌だった。金の性質を問われて、施設に迷惑がかかるのではと心配もしたのですが」

すべて、神がお使いになるお金です――。施設の神父の言葉に勇気を得たという。この神父と知り合ったのももとはといえば、インチキ戦災孤児で四四二部隊に居候したおかげだ。日曜日ごとに礼拝に連れて行かれる。信心する気持なんかないのだが、それを拒むと兵舎を追い出されそうだ。おかげで礼拝が習慣になった。家に戻されたとき、教会の日曜学校に入った。賀川豊彦氏の松沢教会、中学二年生のとき洗礼もうけている。

「いやいや、信仰なんて、そんな……」。彼はあわてたように否定しながら、ふと思いついた感じで付け加えるのだった。「しかし、何かを信じたいと思うことはしょっちゅうだけど」。

小林は与えられた環境のなかで何かしら、人間として強く生きるためのすべを学んだという。多摩の少年院の生活もそのひとつ。ここでは辛抱を教わった。そこは不良少年を収容して再教育の場所だ。十九歳、国士舘大学二年生のとき少年院送り。新宿でチンピラと喧嘩、相手を怪我させたためだ。原因はガンヅケをしたとかしないとか、些細なものである。生来、ガキ大将的な性格、国士舘大を志望したのも、裾丈の長いガクランにあこがれたせいだ。

少年院でも院生と喧嘩、収容の期間を延長される始末。

「いま考えると、おかしいくらい突っ張ってましたね。元気がありすぎて、人に負けたくない、そればかり考えていた。正義感にも溢れて純粋でしたよ。だから少年院に送られたのも、自分では悪いことをしたからだ、と思ってなかった。行きがかりで仕方がない、といった程度です」。しかし行動のすべてを規定され教官の監視つき、自由がいっさい認められないのは苦しかった。辛抱の連続が一年六カ月。

「人によって少年院に送られたことが、良いか悪いかの岐れ道になるようだが、私の場合はそれが良かったと思う。辛抱のできる人間になったからだ」

少年院を出て親戚の鳶《とび》職に預けられる。ここで小林は、喜びを分かちあうこと、人を騙さないことのふたつを学んだという。竹を割ったような性格の人間ばかりで、なかにはヤクザから足を洗ったのもいたが、白か黒か、ハッキリ物をいう雰囲気は気持よかった。エゴイズムは罪悪と信じられ、自分のことより他人の世話を考えろと教えられた。足場に登ることはまだ許されない。丸太かつぎばかりでくたびれたそうだ。

鳶の仕事もよさそうだ、と将来の自分の道を考えはじめたころ、まったく思いがけず、トルコ風呂の支配人にされたのである。「支配人なんて、ちゃんとした立場じゃなかった。店番のようなものですよ、ちょっとの間だけ頼むといわれて」。そのちょっとだけが結果として現在の小林につながるわけだ。

大井町の踏切のそばにあるマリアンヌという店、現在の大名トルコだ。私もこの店は知っている。マリアンヌの当時、なぜだか帝国ホテルの花屋で働いてた女性が、夜になるとこのトルコのカウンターに座っていた。

工事の関係で鳶の親方と知りあった経営者が、人の世話を依頼したのだ。「なぜ私を選んだのかわからないが、親方の命令だと思って……」。トルコ風呂で働くことに抵抗はなかったという。

昭和三十三年、売春防止法が施行された年に当る。全国のトルコ風呂は百軒、東京都内は三十三軒だったが、まだサービスの内容はスペシャルどまりで、ダブスぺさえなかった。入浴料五百円が一般的、トルコ風呂の営業に関する規制はないのと同然。個室のドアには鍵が掛けられ、ノゾキ窓さえなかった。それでも本番サービスをするトルコ嬢が皆無だったのは、赤線に対してトルコ風呂を歴然と区別する意識が、トルコ嬢と客の双方に存在していたからだろうと思われる。

一日に百人以上は客が来た。土曜日など二百人にもなった。トルコ嬢は水商売の経験もない素人あがりが多くて、オスぺだけでもけっこう稼いでいた。赤線がなくなって、しかたがないので客は、トルコのオスぺで間に合わせていたのだろう。そのころ、赤線女性のトルコ風呂流入はすくなかったという。公然とした場所だけに、売春を摘発されやすいと考えたためらしい。街娼、あいまい宿などに流れている。

トルコ風呂業者の多くは、彼女たちが流れてくることを警戒した、違反行為をおそれたからだ。小林支配人の役目は、そのような女性を採用しないことでもあった。

「ひと目で赤線にいたかどうかわかりますよ。しかし、採用を断るとき気の毒でした。せっかく更生したいと決心してのことだろうに、そう思うと何とかしてやりたかった」。絶対に売春行為をしないよう、厳重にいい含めて、いかにも純情そうに見えたのを、経営者に内緒で採用したのだが……。

「つい魔がさして……、彼女は泣きながら謝まるのだが辞めさせた。ほかの娘の手前、しめしがつきませんから、習慣になっていたせいか、彼女のほうが客を誘ったらしい」

小林のヒューマニズムは即日、完敗したのである。

当時、トルコ風呂の経営者は赤線はおろか、水商売の経験者さえすくなかった。東京では、吉原の赤線業者、東山と山陽の二軒だけがトルコ風呂に転業したばかり。ほとんど、堅い業種との兼業だ。儲かるから始めた商売だが、売春なんてとんでもないと考えているのがほとんどで、家門の恥だと心得るからだ。したがってトルコ嬢の監視も厳重をきわめる。予防具の有無を持物検査するのだ。発見したら即座にクビである。指名客の多いトルコ嬢は、違反行為のせいではと、客が入るたびにドアのスキ間から覗き見をする。新入りのトルコ嬢は、まず覗き穴のある部屋で客をサービスさせる、という店もあったほど。

「それがいつの間にか……。御時世が変っていったのと同様、私の考えかたが変るのも、これは当然とでもいっておきましょうか」

小林は、すこし歯切れを悪くした。二年ほど大井町の店にいて、上野にあたらしく開店したトルコ風呂の支配人に迎えられる。そのころ東京都の条例で浴場のドア、三十センチ角のガラス窓が規定されたが、トルコ風呂における本番サービスは増加の傾向だった。

「宝物のありかを探っておきながら、それを掘り出すことができなかった」。いかにも残念そうな表情を見せる。東京オリンピックの前年、上野のトルコ風呂にいた小林は、エアーマットを自分の店に採用している。万一、そのことに気がついていたら、泡踊りの始祖になったかもしれないのだ。川崎の堀之内でエアーマットを利用して泡踊りが創成されたのが四十四年だから、六年も早いことになる。弁天トルコの支配人だったころだ。

「あたらしい部屋をこしらえたので、飾りになる物を探しにデパートに行った。ちょうど夏場なのでビーチマットを並べてある」。何気なしにそれを買って来た。浴室に置いておけば、トルコ嬢と客がてきとうに遊んでくれるだろう、そのていどの軽い気持だ。トルコ嬢も、マットの上に客を寝かして体を掌で洗ってやる、くらいのことはしていたようだが、それ以上の応用サービスはなし。「オスペ重点だから、余分なサービスを考える必要がなかったせいもあるが……」、不覚の思いは現在も去らない。

このころ、小林にとってトルコ風呂の仕事はまだ、単なる腰掛けのつもりだった。男子一生の仕事ではないと思っていたそうだ。女を働かしてそのカスリで食うなんてくだらん。いつか、適当なクチでもあったら――、そう考えはするのだが思うにまかせない。店に来て、適当にトルコ嬢たちの行動を注意しながら座っていれば、客が来てくれ、給料分くらいは働いたつもりになる。気楽な勤めが意志と逆に作用、ますますその仕事に腰を据えさせようとする。

あせりを感じていたころ、またトルコ風呂勤めのクチがかかる。五反田にあたらしい店を開くから、工事の段階から手を貸してくれというのだ。金を出すのは医者だった。この当時、婦人科や外科の医者でトルコ風呂に出資するのが多かった。遊んでいる金を有効に運用、倍増の計画だ。欲の深い医者を探して、トルコ風呂に出資させる仕掛人が出現したのもこのころだ。トルコ風呂管理の経験者はすくない。そこで小林に目をつけたらしい。すでに五年以上のキャリアがあった。

この当時、三十九年ごろ都内のトルコ風呂は百七十八軒にも増えていたが、全国の軒数は不詳だ。まだ、風俗営業に関する法律の適用をうけていなかったため、当局も全国的な集計を行っていないせいだ。推定二百五十軒と見なされる。

「最初から手がけることに魅力があった。足を洗いたかったのだが、それを忘れて飛びついてしまった。どうやら私は、トルコ風呂から離れられない宿命らしい」。店を開けて二年間、休日が月に一回あってもほとんど返上、一日十五時間も働き続ける。最後の客を送り出すのが午前四時ごろ、国電の一番電車が走り出すころだ。それから自分の部屋に戻って蒲団に入るが、なかなか寝つかれない。どうしたら客の入りがよくなるか、それを思いあぐねるからだ。五時間以上は眠ったことがないという。

当時のことだから、女の子もマッサージとオスペまでの正統派と、たまには本番もやるのとが混じりあっていた。「彼女たち同士の反目のようなものはあったが、私はいっさい差別しないで同等に扱った。戦力としては、どうしても非正統派のほうが強い。はじめのうちは、それを困ったことだと、本当に思っていた。時流とはいいながら、どこか釈然としないのだ。といって、営業の成績はあげたい。何とかして、正統派のサービスで客を呼べないものか」、小林は頭を悩ましたという。

いまでもオールド・トルコ・ファンのなかには、かつての正統派サービスをなつかしむ声が大きい。本番導入は邪道であり、堕落だとさえ極めつける。しかしそれは、売春より猥褻行為のほうが、法律的に見た場合、罪科が軽いことへの免罪の意識が作用してのことに思われる。倫理観だろう。彼らがなつかしむ技術面の優劣には、いまの本番トルコでその研究にはげむトルコ嬢と、かつての名手との間に、まったく差異はないのである。

客の立場、女の子の立場を自分に当てはめて考える。客がいちばん求めるのは女性のやさしさと、細やかな心遣いに違いないと思い当った。では、トルコ嬢たちをそう仕向けるためどうすればいいか。「いかに女性というものがやさしくあるべきか、いろんな本から都合のいい感動的な話を拾っては、それを反復して聞かせた。一週間に一回、ミーティングをして、その席で話をする。草柳大蔵さんが書かれたものの引用もありましたよ。おなじことを何回も繰り返すので、女の子たちは、またか、といった顔をするが、いつの間にか聞き入ってくれる」。小林は決して能弁ではないが、訥々《とつとつ》とした話しかたにかえって説得力があるのだろう。

このミーティングは現在でも続けられている。月に一回、公休のトルコ嬢も含めて全員集合だ。待合室の床に正座してうける。欠席は許されない。病気の者は医師の診断書を提出させられる。仕事の出欠はそれほど厳重ではないだけに、いささか奇妙な感じがするのである。「人間、生きていくうえで、いちばん大切なことを話し合うためだから」。小林にとってミーティングは経営を支える、もっとも大きな柱になっているようだ。

「いくら自由意志でといっても、トルコ風呂に来る女性はそれなりの理由がある。何かしら人生に負い目をもっている。そんな女の子に通りいっぺんのことをいっても、通用するものじゃない。誠意ですよ、大切なのは。彼女たちの心の支えになってやることです。うわべでは強がりをいってるようでも、いつもそれを探し求めている。結局は自分の周りでは満たされない。淋しいので変な男の口車にのせられたり、覚醒剤でまぎらわそうとする。要するに淋しがり屋なんです。自分のことなんか、誰も本気でかまってくれない、そう信じこんでいる」

だから、せめてミーティングのときだけでも、彼女たちの心の穴をふさいでやることができるのなら、ということである。「その場だけのことかもしれないが、何もしてやらないのよりはいいだろう」ともいう。彼女たちに同情的な言葉をかけるのではない、いい話だった――、そう思わせるだけで充分なのだ。

茶の湯の、一期一会という言葉について語ることもある。人との出会いの大切さだ。人をもてなす精神を説くのだから、この商売上、都合よく利用する感じがしなくもない。しかし、言葉そのものに深みがあって、いろんな解釈を加えるので、彼女たちへの滲透は深いようだ。話を聞いているうちに、涙を浮かべながら耳を傾けるトルコ嬢は珍しくないという。一般教養の話をしているようだが、サービス向上のために巧妙に仕組まれたアジ演説とうけとれないこともない。

ちろりん村に移ってからもおなじだが、五反田時代のミーティングは、効果が目に見えるようだった。つぎの日から一、二日は客への接しかたが見違えるほど。継続しているうちに有効な日が徐々に伸びて、そのまま定着。女らしく、しおらしく、やさしくなったという次第だ。客の反応は悪かろうはずがない、そのおかげで正統派サービスのトルコ嬢の人気も上昇。もちろん営業成績はうなぎ登りの有様だ。

昭和四十一年トルコ風呂が風俗営業法の適用をうけ、営業区域の規制を設けられて以来、既得権を取得するため新興トルコ地帯が千葉・栄町、川崎・堀之内などに出現する。経験者のすくない商売だけに、小林にスカウトの手が伸びる。五反田では給料を十五万円もらっていた、それを五十万円、なかには百万円の高値をつける店もあるくらい。それでも小林は動こうとしなかった。

「経営者に恩義を感じていたわけじゃない。ただ、手塩にかけた店に愛着があって」というのだが、結局、この店に八年間。成績がよくなると、経営者は受付にテレビカメラをつける。売り上げをゴマ化されない用心だ。努力の報酬は屈辱だったがそれでも辛抱した。

昭和四十七年、小林は雄琴に進出を決心した。おなじ五反田の同業者が先に雄琴に店を出して大成功の噂が耳に入る。相前後して横浜の業者から雄琴につくった店を貸してやる、という話も舞い込んだからだ。いつまでも人に使われる身分では——、行動は早かった。スタッフを五人そろえると、前日まで五反田の店で仕事をして、つぎの日は雄琴に乗り込む早技であった。四十七年十一月十日、ちろりん村開村の一年後すでに十軒のトルコ風呂が現在の体裁を整えつつあった。

いまは村外れの不利な立地だが、白雪と羽衣の二軒が小林にとって、はじめての自分の城となる。トルコ風呂の看板があれば蟻のように客がたかる時代、二、三時間も待ってようやく順番が回るが、客のほうもそれが当り前と心得ている。一種の狂乱ブームだけに、かえって小林は張り合いを無くした。いままでの苦労と辛抱の成果を問つもりだったから、それも無理ではないだろう。結果として、狂乱ブームがおさまったあと、はじめて芽をふくことになるのだが――。

進出のつぎの年、四十八年、鎌倉御殿を借りうけ、この店を正念場にようやく本領を発揮、というわけだ。手堅い商法の地元派の経営者は、狂乱ブームに惑わされることもなく、着実に足固めして、五十年以降、慢性不況に日本社会がおおわれはじめたが、それにビクともしない様子だが、関東からの進出派は違った。有頂天になりすぎたのが仇になって、現在、小林健二が孤軍奮闘という始末だ。関東派のなかには、儲かりすぎたのに勢いを得て、韓国に進出して妓生《キーセン》ハウスを経営という、だいそれたのまでいる。

日本で遊ぶのは飽きたと、韓国の妓生ハウスばかりに行ったあげく、これでひと儲けと欲を出したのがつまずきの始まり。マージャンをやれば、ひと晩に百万、二百万の負けでもケロッとしている有様。野球トバク、競輪競馬、金が羽根を生やして飛んで行くようなものには、何でも手を出す。それが忙しくて店に顔を出す暇がないというのだから、左前になるのは当り前だろう。

小林も遊ぶことは大好きだ。とくに地方競馬が好きでその道の専門家、調教師の親友がいて、絶対的な指示をうけるのだが、「彼は損をするため馬券を買う」と、あきれられているほどだ。ついで女。非常に面倒見がいい。何人か、東京の青山や赤坂に、高級マンションを買ってもらったのがいるはずだ。「たしかに無駄に見える金を使うかもしれないが、商売を留守にすることだけは絶対しない。商売あっての私なんですから」。至極、当然ないい分だが――。

「この商売をしている人間は、バカげた金の使いかたをするが、儲かるから、というだけではありません。つい、派手になってしまうところがある。つい、というのは無意識のものだが、習性とばかりいえないものがある。トルコ嬢が衝動買いをして金を使いたがるのと、おなじようなものだと思う。ストレスの解消ですよ。気に染まない客にでも、笑顔を見せながら、サービス料に相応のもてなしをしなければならない。テクニックが複雑になっただけ、その蓄積も大きい。それと、稼業の負い目を、バカな金の使いかたをひけらかして晴らそうとする。商社がいくら無法な金の儲けかたをしても、それが資本主義社会では道理と受けとられる部分もある。私たちの稼業には、商売の道理といいきれない部分があって、それを自分なりにふっきってはいるつもりなのですが」

小林は、最近になって寝具の販売を彼の会社の事業部門に加えた。「いつまでこの商売を」、と先行きを考慮してのことだろうが、一人娘の将来と立場を気にして、の方が強いようだ。その娘は目下アメリカのハイスクールに留学中である。小林がインチキ戦災孤児時代、面倒を見てくれた二世部隊の人たちの伝手《つて》によるものだ。彼は仕事に成功してから何回も渡米して旧交をあたため続けてきたのがここにきて役に立った。

小林は、家庭的に決して幸福とはいえない。先妻と別離、つぎの妻を迎えたが彼女とも間もなく別れている。娘は先妻との間に生れた。「みんな私に原因がある」と、彼はそれぞれに責任を感じているようだ。「娘が片付くまで、結婚はしたくない」。そう心に決めたというのだが、それなりの深い事情があるからこそだ。

先妻は小林と別れたあと再婚した。娘は小林が引き取ったが、母との間を往来していた。先妻の再婚は幸福なものではなかったらしい。そして、みずから命を絶った。その原因は小林も知っているようだが明かさない。発見したのは娘だった。中学二年生になっていた。鴨居から下がっている母の体の下で、義父に当る男はビールを飲んでいたという。

「娘はそんなことを口にしなかったが、父と別れたりしなかったら母の悲劇は……、そう思ったはずです」。五反田のトルコ風呂で支配人時代、仕事に熱中して家庭をかえりみなかった。それが先妻と別離の理由だ。非は小林だけにあると思えない事情もあるようだが、いまとなっては彼の悔恨も強いらしい。娘の父だけでいよう——、小林はほかに思いやりの示しかたがないという。

午前四時をすぎて、鎌倉苑での幹部会は酒の席に変った。レミー・マルタンのボトルが持ち出されて、水割りのグラスを幹部たちはそれぞれ速いピッチで干していく。だが、小林は銀座のクラブにいるときでも、ほかの酒の席でいつも見せる、ポツンとした感じでひとり黙って酒を飲んでいる。周りの人間たちはそれを気にかけるのだが、彼はそれをクセだといって取り合わない。

鎌倉御殿のサクラは、明日からの公休を大阪の家で過そうと、身仕度をするため寮にもどった。階段を昇る足どりがいつもより軽そうに見える。玉緒は、京都までの夕クシーのなかで、すっぽりシートに体を埋め軽い寝息をたてていた。本日のお客は六人、チップを含めて十八万円の稼ぎ。くたびれたらしい。そして沙お理、今日ばかりはと決心したのだが、菊之介が迎え酒の効き目をいいたてる。「じゃ、軽くやるか」。とたんに元気をとりもどした感じだが、どうなることやら。消息を絶った春香は、どこで何をしているのだろう。

田守は店の三階にある自室で高鼾だ。ちかごろ、寝つきがよすぎるそうだ。山田は国道沿いの炉ばた焼の店にいた。楽というその店は彼が妻にやらせている。男がいないトルコ嬢、白蘭などを連れて行って遅い夜食。彼女たちのたくましい食欲ぶりを見ながら、これが客だったらと苦笑するのだ。

ちろりん村のなかはほとんど灯が消えた。マンションの窓だけ、ポッンポッンと飛びとびに灯が入る。村の外側を囲んでいる店だけが明るくて、それがなかの暗さをよけい強めて感じさせる。湖面のむこうの空が、心なしか淡い朱鷺《とき》色に染まりはじめた。もう朝が近い。

国道一六一号には相変らず、定期便のトラックが京都大阪方面へ、あるいは北陸路をめざして雄琴の町を通りぬけていく。しかし、つい二、三時間前までちろりん村をにぎわしていた自家用車、タクシーの影はひとつもない。私は国道を北にして、湖西線の雄琴駅に向った。

朝まだき、旅館が並んでいるあたりは、まだひっそりとして人の動く気配は感じられない。赤い電灯が点《とも》っている駐在所の少し先を山側に折れる。振り返ると、ほのかに明るい空に、ちろりん村の佇まいが黒くシルエットで浮かんでみえる。山間の急勾配の道を登りつめると、雄琴の駅舎が、山村の風景に似つかわしくない姿で建ち、プラットホームの明りがボンヤリとあたりを照らし出している。

ふと、ちろりん村がうたかたの夢にすぎなかったような、そんな感じに誘われた。運命とまではいえないだろうが、一種の共同体がそこにはあった。なりゆき共同体とでも名づけておこう。金が渦を巻いて繁栄を誇っているようだが、今日もそして明日も、栄光とは無縁の日がつづいてゆくのだろう。違法で成り立つ、かりそめの繁栄。明日という日の保障がないことを、ちろりん村の住人はすべて知っている。そして、自分の明日のないことも——。

社会の仕組みがどう変ろうと、おそらく売春というものが消滅することはないだろうといわれる。しかし、売春そのものの仕組みが変り目を迎えたとき、トルコ風呂は、ちろりん村はいったいどうなるのだろう。

プラットホームに立って、来た道の方角に目を向けると、淡い光を湛えた琵琶湖の水面が静かに広がっている。が、山間をきりひらいてつくられた道の崖にさえぎられて、ちろりん村は視野からはまったく消えていた。

あれから丸三年たって

あれから丸三年、ちろりん村こと、雄琴のトルコ街はすっかり変わってしまった。昭和五十五年の秋、『ちろりん村顚末記』を書きはじめたころ、すでに不況のかげりを見せはじめてはいた。それがいますっかり構造化してしまって、村のなかにどっしりと腰を据えているようなのだ。世間一般の不景気風だけではない、雄琴を取り巻いている情勢と環境とがそれを、より強めたのはたしかだろう。

雄琴の繁栄は元来、その広い商圏と高度なサービスに支えられていた。誠心誠意のサービスと、よそにみられないマナーをモットーとした近代的(?)なトルコ風呂のサービス・システムは名古屋以西、岡山あたりまでに、この地だけだった。しかし一手引き受けの独走はすでにうたかた、過去の夢になっている。

かつて店ごとの広い駐車場は愛知や大阪、兵庫など、近県ナンバーの車で埋めつくされていたものだが、いまは休日でもそんな光景を眼にすることはない。夕方ネオンが点くころ、これからが稼ぎどきだというのに客の姿はまばら。トルコ風呂の店先に立っている、呼び込みのボーイたちのほうが多いくらいだ。

軒なみ売り上げが低下し、昭和五十五年当時に比較すると、四十パーセントは落ちているだろうという。他のトルコ地帯をみると、売り上げが激減した関東の川崎・堀之内は、千葉・栄町とほぼ同率で、三十五、六パーセント減。東京・吉原が三十パーセント、岐阜・金津は二十パーセント、そして大阪のキタとミナミがそれぞれ十パーセントと、いずれも低迷しているなかで、雄琴は特に際立っている。

五十六年ごろから、岐阜、大阪、神戸のトルコ街が雄琴トルコに影響をおよぼし始めた。大阪はキタやミナミの歓楽街に出来はじめ、岐阜と神戸は旧赤線地帯にと、それぞれ立地の条件を異にしているが、いずれにせよ便利さはこの上ない地域である。遠く琵琶湖のほとりまで車を走らせる必要がなくなってしまった。雄琴ならではのサービス・システムと、奥座敷的な雰囲気も、世間一般の不況もさることながら、簡便さには屈せざるを得ない。

雄琴の異変は、まずトルコ嬢の集団移住から始まった。〝ちろりん村〟の開村のころ、遠く関東のトルコ地帯からドッと押し寄せたものだが、その逆の現象である。より稼ぎになる土地を目指して村を後にする。ちょうどトルコ嬢の新陳代謝の時期にもあたっていたから、なおさら目についた。

あたらしくこの仕事に入って五年目ごろが代謝の時期にあたる。雄琴トルコは十年目、ちょうど二回目のリフレッシュを迎えるころだ。雄琴の不況をしおどきに仕事から足を洗うベテランもいる。情勢さえ安定していれば、去る者に余る新人の応募もあるが、低迷地帯とあってはそれもない。もはや急速なトルコ嬢の減少と質の低下は否定できない。

雄琴に見切りをつけたのはトルコ嬢だけではない。現場のスタッフたちも、雄琴仕込みの手腕を買われて新興の地帯に招かれる。ボーイが主任、主任がマネージャー、なかには社長として迎えたい、というのまである。かつてトルコ嬢が〝雄琴育ち〟を売り物にできたように、スタッフの評価も高いのだ。はたして彼らは、それぞれの新天地で期待にそむかず、〝雄琴流〟で本家を圧迫しはじめたのは何とも皮肉である。

経営者の側も同様だ。昭和五十六年ごろから、かつての商圏地帯にぞくぞく出店を開始した。雄琴のトルコ風呂四十九軒は、三十五人の経営によるが、そのうち十三人までが岐阜、大阪、神戸などに進出。大阪だけで三軒を開業したものまでいる。なかには完全に〝ちろりん村〟を見限り、本家を廃業した経営者も三人いる。

いま雄琴は、守りの態勢にある。低迷を打破するより、いかに現状を守り続けるかに汲々の有り様だ。外にアピールする姿勢は見られず、ひところ一部の週刊誌を賑わした雄琴情報もあまり見かけないのが、その沈滞を説明しているようだ。

営業の形態も大きく変化した。トルコ風呂の営業形態には都会型と温泉地などの歓楽地型がある。都会型は通りすがりのフリの客か、クチコミなどに頼り、サービス内容に努め、指名の得意客を確保して経営の安定を図る。これに対して歓楽地型は、タクシーの運転手か旅館の番頭、女中などに客のあっせんを依頼する、いわば他力本願のかたちだ。これも商法には違いないが、とかくあっせん側とリベートで結びつきやすく、その分だけ客は割りを喰うことになりやすい。実質上のサービス低下は止むを得ないからだ。

かつて雄琴のトルコ風呂は温泉地にありながら、主流は都会型の営業だった。歓楽地型はアウトサイダーと見なされていたくらいだ。それがいま、位置を変えつつある。他力本願への移行が深まって、都会型は数えるほどしか残されていない。サービス内容で勝負をしてきた〝良き時代の雄琴〟はもう伝説になってしまうのか。

『ちろりん村顚末記』に登場した人物にも、それなりの転変が見られる。

村長で〝ちろりん村〟の創設者、田守世四郎はしばらく健康を害していたが、いまはすっかり前の元気を取り戻したようだ。経営する「花影」「花の宴」の二軒も、それなりに繁盛しているが、かつての待合室に客が溢れるような繁栄はみられない。

そこで神戸に進出を図った。「雄琴を見捨るわけやおまへん。事業を伸ばすのんは当然とちゃいますか」、ブルータスよお前もか、の問いにそう答えた。半年間ほど長男が間接的に経営をみていたが、いまは他人にまかせ、賃貸に出して家主の立場である。思うような業績をあげられなかったからと聞く。その点、出処進退は早い。

鎌倉御殿チェーンの小林健二も、一時期は岐阜や大阪に進出を計画したようだが、いまは白紙に戻している。日本一と伝えられるほど業績をあげていただけに、注目されていたのだが。「もう、トルコ風呂の時代ではありません」。雄琴の現状にどう対処して店を存続させるか、それで手いっぱいのようだ。ハワイのハイスクールに留学中の長女が、ロサンゼルスのカレッジに進学した。気掛かりで仕方がないようだ。娘に会いにいくといっては、しきりと渡米するのを、「アメリカで事業を始めるのでは」と、そんな見かたのムキもある。

「ニュー台北」の山田忠幸は店をたたんで大阪に転進した。「雄琴は商売になりません」と読みが早かった。ミナミに「シャレード」を開店。雄琴そのままのサービス・システムを採用、これが大当たりで連日満員。それまで大阪のトルコは、やらずブッたくりの商法が通用していたのだが、「シャレード」の出現はザ・トルコの味を広めることになる。以来、ほかの店もサービス内容の改善を強いられ、結果として大阪のトルコ風呂を変えることになった。

山田は雄琴でもそうだったが「わいら、これしか生きる方法はないのです」と、体当たりの商法で、それを全国的にも当局の監視の目の厳しい大阪で始めた。当然、お客は押し寄せてくれたが、取り締まりの当局も来る。「シャレード」開店の一年半後、売防法の容疑で検挙された。そのすこし前、彼の手を離れていたとはいえ、雄琴の「ニュー台北」を脱税の容疑で税務当局が追及、目下その調査中と往復ビンタのかたち。

「それでも、やるしかない」と、山田は元気を失ってないようだ。大阪のキタにもう一軒、超高級トルコを開店させようと張り切っている。

「鎌倉御殿」のサクラは、どうしようもなく男運の悪い星に生れたらしい。結婚を予定していた、大阪の不動産屋に丸ハダカにされたうえ逃げられる。つぎに、雄琴のトルコ風呂の社長と恋仲になったが、この男も事業に失敗しただけでなく、政治家が関与した手形詐欺の事件に巻き込まれて雄琴から逐電。サクラ一人、取り残されていたのだが、何時の間にやら、彼女も姿を消した。

「あの娘、すぐ人を信用するからダメなのよ。この仕事をやっている間は、お金以外に頼ろうとするのが間違いよ」

といったのは、おなじ店の玉緒。あと一年で、仕事をやめるメドを考えているようだが、「まだもったいなくて――」と相変わらずマイペースの毎日。一時、ボーカル・グループの一人や、漫才師の片割れと浮き名を立てられもしたが、彼女にとっては単なる気まぐれ。「たまにはストレスの解消をしなくちゃ」と、入れあげた様子もないあたり、やっぱり〝鉄の女〟の面目躍如である。

「ニュー台北」にいた春香は、男から逃げて四国の高松に姿を隠していた。「いい勉強をしたわ。これからは自分の将来だけを考えて生きていきます」。事実、仕事専一の勤めかただった。高松のトルコ風呂は瀬戸内海を渡って、岡山あたりからの客が多く、一種独特の雰囲気を持っている。春香は、わざわざ連絡船で海を越える医者や弁護士といった、社会的に高い立場の馴染み客を多くつかまえていた。

「ここで私、仕事をあがりたいの」

といっていたが、三年目になって、突然、高松の店から消えた。

「男はもうマッピラといってたから――」

ということで、堅気になったものと周囲は納得していたのだが、千葉の栄町で彼女に逢った。新開店のトルコ風呂でだ。「知ってる人が始めたものだから、義理でお手伝いすることにしたの」、そういうのだが、彼女の眼に何とはなしのイヤな予感を覚えるのだった。それが当たらなければいいのだけど――。

酔っぱらいの沙お理は目出度い。あれから間もなく結婚した。相手は堅気ではない。大阪のトルコ風呂の部長だが堅実な男らしい。

「三日ともたないのじゃないか」、彼女の酒好きとちゃらんぽらんな性格から、まわりの人間はそう見ていたのだが、意外にも永続きしている。「ダメかと思ってたのに、出来ちゃったんだよ」。丸々と肥えた赤ん坊を背負って、村まで報告に来た。

「仕事が仕事だし、それに、お酒もちょっとやりすぎてたから――」

うれしそうに、昔の仲間をうらやましがらせていたという。

沙お理に〝パンクレディ〟と仇名した、「仏蘭西屋の大林部長」こと、「英国屋」の小林部長はいま、「レモン屋」の経営者だ。トルコ勤め十年での自立で出世だが、このところ顔色がもうひとつ冴えない。独特のジョークもあまり飛び出さない。女の子が店に居ついてくれないのだ。なかには三日ほど働いただけで「こんなにうるさいコトいう店、ゴメンだわよ」と、捨て台詞して荷物をまとめるのもいる。

「私は間違ってるのですかね。サービス業にはマナーが大切だと思うのに――」

彼は雄琴育ちである。全国に屋号の無断借用が続出するほどの名門に、「英国屋」

を仕立てあげたベテランなのだ。トルコ嬢を売れっ子に育てる名人でもあった。内容で勝負の職人である。「こんなにうるさいこといわれなくたって、雄琴では仕事になるのよ」、店をやめて行った娘に毒づかれた。彼は都会型の店をこしらえあげようとした。その間違いを指摘されたようなものだ。マナーをうるさくいうから、女の子たちは居ついてくれない。トルコ嬢が不足すれば、店の売り上げに響く。歓楽地型に営業を切り替えれば商売もうまく行くだろうが。いまやハムレットの心境である。

（昭和五十九年一月十日　広岡敬一　記）

解説　俗なる世界に求めた平和

本橋信宏

広岡敬一は戦後風俗ジャーナリストの始祖として燦然と輝く存在である。

一九二一年（大正十年）六月二十四日、中国旧満州新京市（現在の吉林省長春市）生まれ。戦時中は陸軍航空隊に所属、写真班に配属され撮影技術を学ぶ。後にこのときの技術が広岡敬一の身を助けることになる。終戦直前は特攻隊に転属となり、特攻死を遂げる若き隊員たちの写真を撮ることになる。

現在、私たちが写真で目撃する出撃前の水杯を飲み干す神風特攻隊員たちの悲壮な姿は、広岡敬一がシャッターを押したものかもしれないのだ。

戦後、大陸から引き揚げた広岡青年は、陸軍時代の写真班で身につけた写真技術で吉原の流しの写真屋となる。

終戦直後、カメラもフィルムも高額な時代、こんな職業が成り立った。その後、〈夕刊紙記者となり、写真部員のかたわら文化部記者として夜の穴場情報を手がけ始

めた。〉

〝穴場〟という隠語もいまとなっては懐かしい死語であろう。赤線、青線、たちんぼ、トルコ風呂、といったカネを払って女と遊ぶスポットのことを穴場と呼んだ。女をイメージさせる〝穴〟という隠語と、表に出てこない秘密の場所という意味である。

広岡青年はカメラを片手に穴場を探訪し、フリーの週刊誌記者として風俗業界を取材するようになった。

広岡敬一のような大正末期世代は太平洋戦争の主力となった若者たちであり、死亡率も高かった。この世代には男権主義とともにどこか虚無的な匂いが漂う。ファインダーの中の若者が数日後、敵艦に体当たりして散華するという、過酷な体験を経てきた広岡青年の胸にもニヒリズムが去来したのではないか。

特攻隊員から花街の女へ――。レンズ前の被写体が変わりながら、広岡青年は俗なる世界に平和の証を求めたのではないか。

本書は滋賀県大津市雄琴苗鹿町の田んぼの中に突然出現した一大トルコ地帯、「雄琴」のトルコ風呂を取材執筆した貴重な風俗ドキュメントである。

トルコ風呂は日本独自に発展した買春産業だ。一九五八年（昭和三十三年）に施行された売春防止法によって、不特定多数の男性と金銭を媒介にした性交は禁止された。

トルコ風呂（現在はソープランド）はもともとスチームバスの一種トルコ風呂というサウナ風呂から発展したものであり、客の汗をふくためサービスする女性をミス・トルコと呼んだ。サービスはエスカレートし、手でこすったり（おスペ）、とうとう性交（本番）までするようになった。

かくしてトルコ風呂＝本番風俗店という日本独自の性産業が発達する。

法律で本番行為は禁止されているので、あくまでもスチームバスに入るのを目的とするために、個室には決して使われることのないばかでかいスチームバスが鎮座し、入浴料を店側に払い、個室でトルコ嬢に客から自発的にサービス料を払うことで、店は一切関知していない、という建前をとった。

トルコ風呂が無くならなかったのは、この性産業が無くなると困るのが警察をはじめとした消防署、市役所、教職員というお堅い職業の男たちだったからだ。カネで割り切って遊べるトルコ風呂はまさに熱き血潮たぎる警察官、機動隊員たちにとって無くてはならぬ存在であり、素人に手を出してもめ事になるよりははるかに安全だった。

二〇〇〇年（平成十二年）沖縄サミットのとき、沖縄ソープ街は連日深夜まで客の行列ができた。客のほぼ一〇〇パーセントが、警備のために全国から集められた機動隊の精鋭たちであった。

本書では、一九七一年（昭和四十六年）、雄琴に第一号店が誕生したころから八〇年代になる手前までの雄琴をルポルタージュしたものであり、トルコ風呂がもっとも興隆を極めた時代を切り取っている。

雄琴という田んぼの中にできたトルコ街は大方の予想を裏切り大発展した。七〇年代に花開いたモータリゼーションの波とうまく合致したのだ。前述のようにお堅い仕事の男たちが街中で知り合いに会う危険性も、人里離れた雄琴なら避けることができた。

一九八一年（昭和五十六年）上映『の・ようなもの』（森田芳光監督作品）では主演の秋吉久美子が美貌のトルコ嬢エリザベスを演じ評判となった。

秋吉久美子のような虚無感を漂わせたちょっといい女、というのは八〇年代稀にだがトルコ嬢に混ざっていた。エリザベスは「雄琴に行くわ」と言い残し、東京を去って行く。雄琴は稼げるらしい、という情報を得てのことだった。

エリザベスが雄琴に向かったころ、まさしく本書が書き始められた。そのころから〈すでに不況のかげりを見せはじめて〉いたのだったが、まだ全国のトルコ嬢にとって雄琴は稼げる楽園であった。

本書では、〝ヒモ〟といういまではあまり見かけなくなったトルコ嬢に欠かせない男の存在も詳しく書かれている。

ヒモとはトルコ嬢に寄生する男たちのことであり、多くは正業をもたぬやくざであったり、まったく仕事をしない男たちであった。彼らは昼間からパチンコと麻雀で時間をつぶし、トルコ嬢に買ってもらったアメ車（八〇年代はベンツよりアメリカ車が流行していた）でトルコ嬢を送り迎えした。

私も何人かヒモを見たことがあるが、皆顔色がわるく、髪がぼさぼさ、覇気が無かった。

トルコ嬢は自分の体ひとつで稼ぐので、感覚が男性的であり、わたしが食わせてあげる、という意識が強い。かくて弱気の虫といった男たちがヒモに選ばれる。

私も独身時代の最後に吉原ソープ嬢とつきあったことがあった。男の矜持《きょうじ》としてけっして彼女におごらせなかったが、私の誕生日プレゼントには金額が一ケタ多いブランド物の財布や男性化粧品を平気でくれるのだった（いまごろどうしているのだろう）。

ところで、トルコ風呂からソープランドという名称に変更された理由はなんだったのか。

きっかけは一九八四年（昭和五十九年）のある出来事だった。

一九八一年（昭和五十六年）、トルコ共和国から来日した留学生ヌスレット・サンジヤクリ（当時二十七歳）は東大地震研究所で地震計測の研究をしていた。親切な日本人に感激していたヌスレット君だったが、「トルコから来た」というと、日本人は意味ありげに笑う。街中でしばしば「トルコ」の文字を見たり、電車内で「トルコ」の記事を見かけるので、母国が日本でも関心を示されているのかと思った。トルコは親日家が多い。新宿を散歩中、トルコ風呂というネオンを見て、いったい母国の名前のつく風呂とはどんなものなのか店に飛び込むと、ボーイと女性が出てきて歓待された。トルコから来た留学生はやっと、トルコ風呂がどんなことをする場所なのかわかった。そして憤った。

一九八四年（昭和五十九年）、ヌスレット君が再来日したとき、日本の各方面にトルコ風呂という呼称を使わないように陳情にまわったが、一留学生の直訴で簡単に日本独自の風俗産業が名称変更するはずもなかった。ところが二人の人物が登場してから潮目が変わる。ヌスレット君は中東問題評論家だった小池百合子の協力によって、トルコ大使館と足並みをあわせ厚生省に訴えかけた。すると渡部恒三厚生大臣が聞き入れて名称変更の要望を業者に伝えた。トルコ業界は合法非合法すれすれの商売なので、お上の要望には素直に従う。

かくしてトルコ風呂は使用自粛となった。

小池百合子は後に自民党衆議院議員、渡部恒三は民主党に鞍替えし政界のご意見番となったことを思うと感慨深いものがある。

一九八四年、新名称を公募することになると、新名称狂想曲が巻き起こった。日刊ゲンダイは「ルンルン風呂」なる新名称を紙面に打ち出し、週刊大衆は「ラブリーバス」、深夜テレビ「トゥナイト」は「ロマン風呂」、さらに「ハッスル風呂」「パラダイス風呂」「浮世風呂」等々、メディアが勝手に新名称を使うようになり百花繚乱の騒ぎになった。

東京都特殊浴場協会が記者会見で発表した新名称は「ソープランド」だった。だがソープランドという新名称は不評だった。トルコ風呂に比べると、インパクトに欠けたり、清潔過ぎると言われた。だが呼びやすさが原動力になり、今では〝ソープ〟の名称で親しまれている。

狂想曲には後日談がある。

〈「トルコに行ってくるよ」。前厚相の渡部恒三氏が、この春、小アジア行きを計画している。〉（朝日新聞朝刊　一九八五年一月二十五日）

トルコ風呂名称騒動に決着がつき、お礼にとトルコ共和国が渡部前厚相を自国に招いたときの記事だ。当時、〝トルコに行く〟という意味は、本番セックスをやりにいってくる、という意味だった。

お堅い朝日らしからぬ、シャレのわかるナイスな見出しだ。

このころから政界のご意見番は突っ込みやすいキャラだったのだろう。

広岡敬一という偉大な風俗ジャーナリストの名は、世紀をまたいだ今、忘れさられようとしている。

私の知り合いの大手出版社の編集者は、生前の広岡敬一を知る貴重な証言者でもある。

バブル期に入社した彼は、広岡敬一の風俗連載ルポの担当を任され、毎月、風俗ジャーナリズムの大御所とともに風俗地帯を取材した。

「おそらく広岡さんのような書き手のジャンルは近い将来なくなるとお考えだったのでしょう。私が現場についていくとそれは喜んでくれました。〝現場がすべてだよ、いまの編集者はなかなか面倒がって現場に来ない〟と嘆いてました。〝トルコ風呂の現場にだって、学ぶべきものはいくらでもあるよ〟ともおっしゃっていました。その言い方がスマートで押しつけがましくないのが広岡さんで、私は大好きでした。広岡さんは若いソープ嬢は好きじゃない。プロフェッショナルな女が好きでした。〝仕事できる子が少なくなった。プロのもてなし方が伝承されるといいんだがなあ〟とおっしゃってましたね。文体はどちらかというとギャグ的な文体ではなかったように思います。お歳でしたから、ちょっと古くてトラディッショナルな文体というか、〝かわいこちゃん〟なんて死語を平気で使うようなところがありました。でも老人にありがちな変な自慢話などしないし、おしゃれでベレー帽かぶって、フィッシングベストを着てる、小柄でチャーミングなご老人でした」

二〇〇四年（平成十六年）六月二十一日、肺ガンのため死去。享年八十二。

広岡敬一に可愛がられた新米編集者もいまでは五十代の辣腕編集長になった。

時はうつろい、ソープ産業はリーマンショック後、不況の波を受け、デリヘルの攻勢、若者たちの草食化によって客足は鈍り、苦境に立たされている。

『ちろりん村顚末記』はトルコ風呂のもっともよき時代の証言でもある。

書名は知られていながらなかなか入手できなかったこの幻の名著は、今回ちくま文庫に収録され、命脈を保ったのである。

本書は一九八〇年一〇月に朝日新聞社より刊行され、その後
一九八四年二月に朝日文庫に収録されました。

玉の井という街があった　前田豊

永井荷風「濹東綺譚」に描かれた私娼窟・玉の井。しかし、その実態は知られていない。同時代を過ごした著者による、貴重な記録である。（井上理津子）

吉原はこんな所でございました　福田利子

三歳で吉原・松葉屋の養女になった少女の半生を通して語られる、遊廓「吉原」の情緒と華やぎ、そして盛衰の記録。（阿木翁助　猿若清三郎）

消えた赤線放浪記　木村聡

「赤線」の第一人者が全国各地に残る赤線・遊郭跡を訪ね、色町の現在とそこに集まる女性たちを取材。文庫版書き下ろしと未発表写真多数収録。

赤線跡を歩く　木村聡

戦後まもなく特殊飲食店街として形成された赤線地帯。その後十余年、都市空間を彩ったその宝石のような建築物と街並みの今を記録した写真集。

サンカの民と被差別の世界　五木寛之

歴史の基層に埋もれた、忘れられた日本を掘り起こす。漂泊に生きた海の民・山の民。身分制で賤民とされた人々。彼らが現在に問いかけるものとは。

平身傾聴　裏街道戦後史　色の道商売往来　小沢昭一　永六輔

色の道を稼業とするご商売人たちの秘話。稀代の聞き手小沢昭一が傾聴し、永六輔がまとめた。読めばもうひとつの戦後が浮かび上がる。

暴力の日本史　南條範夫

上からの暴力は歴史を通じて常に残忍に人々を苦しめてきた。それに対する庶民の暴力はいかに興り敗れてきたか。残酷物の名手が描く。（石川忠司）

やくざと日本人　猪野健治

やくざは、なぜ生まれたのか？　戦国末期の遊侠無頼から山口組まで、やくざの歴史、社会とのかかわりを、わかりやすく論じる。（鈴木邦男）

世間のひと　鬼海弘雄

浅草寺境内、鬼海弘雄の前に現れたひとたち。四十年にわたり撮影された無名の人々の、尊厳を感じさせる肖像の数々。間にエッセイ・あとがき付。

官能小説用語表現辞典　永田守弘編

官能小説の魅力は豊かな表現力にある。本書は創意工夫の限りを尽したその表現をピックアップした、日本初かつ唯一の辞典である。（重松清）

酒呑みの自己弁護　山口瞳
酒場で起こった出来事、出会った人々を通して、世態風俗の中に垣間見える人生の真実をスケッチする。イラスト＝山藤章二。（大村彦次郎）

ドキュメント ブラック企業　今野晴貴・ブラック企業被害対策弁護団
違法労働で若者を使い潰す、ブラック企業。その「手口」は何か？　闘うための「武器」はあるのか？　さまざまなケースからその実態を暴く！

増補版 ドキュメント死刑囚　篠田博之
幼女連続殺害事件の宮﨑勤、奈良女児殺害事件の小林薫、附属池田小事件の宅間守、土浦無差別殺傷事件の金川真大……モンスターたちの素顔にせまる。

民間軍事会社の内幕　菅原出
戦争の「民間委託」はどうなっているのか。イラク戦争以降、急速に進んだ新ビジネスの実態を、各企業や米軍関係者への取材をもとに描く。

戦争と新聞　鈴木健二
明治の台湾出兵から太平洋戦争、湾岸戦争まで、新聞は戦争をどう伝えたか。多くの実例から、報道が孕む矛盾と果たすべき役割を考察。（佐藤卓己）

広島第二県女二年西組　関千枝子
8月6日、級友たちは勤労動員先で被爆した。突然に逝った39名それぞれの足跡をたどり、彼女らの生を鮮やかに切り取った鎮魂の書。（山中恒）

原子力戦争　田原総一朗
福島原発の事故はすでに起こっていた？　原子力船「むつ」の放射線漏れを背景に、巨大利権が優先される構造を鋭く衝いた迫真のドキュメント・ノベル！

田中清玄自伝　田中清玄／大須賀瑞夫
戦前は武装共産党の指導者、戦後は国際石油戦争に関わるなど、激動の昭和を侍の末裔として多彩な人脈を操りながら駆け抜けた男の「夢と真実」。

ワケありな国境　武田知弘
メキシコ政府発行の「アメリカへ安全に密入国するための公式ガイド」があるってほんと⁉　国境にまつわる60の話題で知る世界の今。

レントゲン、CT検査 医療被ばくのリスク　高木学校編著
日本では健康診断や検査での医療被曝が多い。エコーなど被曝しない検査方法もある。不必要な被曝を避けるための必読書。寄稿＝山田真（小児科医）

「ガロ」編集長　長井勝一

マンガ誌「ガロ」の灯した火は、大きく燃えあがり驚異的なマンガ文化隆盛へとつながっていった。編集長が語るマンガ出版の哀話。（南伸坊）

責任 ラバウルの将軍今村均　角田房子

ラバウルの軍司令官・今村均。軍部内の複雑な関係、戦地、そして戦犯としての服役。戦争の時代を生きた人間の苦悩を描き出す。（保阪正康）

一死、大罪を謝す 陸軍大臣阿南惟幾　角田房子

日本敗戦の八月一五日、自決を遂げた時の陸軍大臣。本土決戦を叫ぶ陸軍をまとめ、戦争終結に至るまでの息詰まるドラマと、軍人の姿を描く。（澤地久枝）

東條英機と天皇の時代　保阪正康

日本の現代史上、避けて通ることのできない存在である東條英機。軍人から戦争指導者へ、そして極東裁判に至る生涯を通して、昭和期日本の実像に迫る。

袴田事件 裁かれるのは我なり　山平重樹

袴田巌さんの無罪を確信しながらも、一審の死刑判決文を書かされた裁判官の視点を通して、冤罪の構図を描いたドキュメント・ノベル。（亀井洋志）

時代劇 役者昔ばなし　能村庸一

「鬼平犯科帳」「剣客商売」を手がけたテレビ時代劇名プロデューサーによる時代劇役者列伝。春日太一氏との語り下ろし対談を収録。文庫オリジナル。

銀座の酒場を歩く　太田和彦

当代きっての居酒屋の達人がゆかりの街・銀座を呑み歩き。老舗のバーから蕎麦屋まで、銀座の酒場の粋と懐の深さに酔いしれた73軒。（村松友視）

日本フォーク私的大全　なぎら健壱

熱い時代だった。新しい歌が生まれようとしていた。日本のフォーク——その現場に飛び込んだ著者ならではの克明で実感的な記録。（黒沢進）

愛とまぐはひの古事記　大塚ひかり

最古の記録文学は現代人に癒しをもたらす。奔放なエロスと糞尿譚に満ちた破天荒な物語の不思議な清浄感。痛快古典エッセイ。（富野由悠季）

源氏の男はみんなサイテー　大塚ひかり

『源氏』は親子愛と恋愛、「愛」に生きる人たちの物語だった。それは現代の私たちにも問いかける。幸せって何？　と。（米原万里）

ちくま文庫

ちろりん村顛末記《むらてんまつき》

二〇一六年五月十日　第一刷発行

著　者　広岡敬一（ひろおか・けいいち）
発行者　山野浩一
発行所　株式会社　筑摩書房
東京都台東区蔵前二―五―三　〒一一一―八七五五
振替〇〇一六〇―八―四一二三
装幀者　安野光雅
印刷所　明和印刷株式会社
製本所　株式会社積信堂

乱丁・落丁本の場合は、左記宛にご送付下さい。
送料小社負担でお取り替えいたします。
ご注文・お問い合わせも左記へお願いします。
筑摩書房サービスセンター
埼玉県さいたま市北区櫛引町二―六〇四　〒三三一―八五〇七
電話番号　〇四八―六五一―〇〇五三

ISBN978-4-480-43353-4 C0136